潜心笃志

中软AFC发展历程

赵东　秦树睿　著

同济大学出版社
TONGJI UNIVERSITY PRESS

《中国轨道交通 AFC 行业里的追梦者》丛书

主　　编　陈凤敏　杜　潜

统　　筹　郑志涛　邓　艳

编　　委　邓　伟　郭　庆　黄宁宅　曾　浪　王建强
吴永锋　蔡中兴　罗洪元　杨　波　李道全
郭晓栋　吴海峰　解永生　胡　军　陆　斌
韦　强　秦树睿

审　　校　李宇轩

潜心笃志：中软 AFC 发展历程

赵东　秦树睿　著

《潜心笃志：中软 AFC 发展历程》编写组

组　　长　杜　潜

副 组 长　赵　东　秦树睿

成　　员　刘尔行　王　浩　胡　平　王剑飞　王丽娜
李美贵　李棋瑞　马延龙　韩建军　王子印
王晓军　李广坡　林雪源　杜少波　张征航
金之江　于志胜　张美娜

丛书总序

陈凤敏

高级工程师，“城市轨道交通自动售检票系统工程质量验收规范”国家标准管理组组长，中国信息产业商会理事，中国信息产业商会自动收费专业委员会名誉理事长。

中国信息产业商会自动收费系统专业委员会经过历时两年多（2017 年 8 月—2019 年 10 月）的筹划，终于隆重推出了《中国轨道交通 AFC 行业里的追梦者》丛书，共计八本，将在两年内陆续出版。序齿列锦：

1. 初创篇：《兰蕙痴情》
2. 方正篇：《方行正远》
3. 熊猫篇：《引石琢玉》
4. 中软篇：《潜心笃志》
5. 普天轨道篇：《前世今生》
6. 大通电气篇：《凝铸精魂》
7. 苏州雷格特篇：《素履向前》
8. 摩沙篇：《明道正心》

遗憾的是，因为时间的关系，还有几本暂不能如愿编入本丛书，希望有后续的机会。

《中国轨道交通 AFC 行业里的追梦者》丛书涵盖了 1988 年以来，我国轨道交通 AFC 行业从无到有、从小到大、从弱到强、从简到新，不断成长、发展、壮大的全过程。这些著作除了本身各有其独立的价值之外，合在一起，堪称我国轨道交通建设和运营中 AFC——这个乘客自助式操作最多、自主化程度最高的弱电专业——全体从业人员不断学习实践的创新发展史。

“盛世修志”是我们中国优秀的文化传统。处在当今这样一个瞬息万变的信息化时代，我们有责任为后人、为年轻一代留下系统、翔实的 AFC 行业发展史料，从而为现今乃至将来交通行业的建设运营提供借鉴；为关心和热爱 AFC 行业的人士熟悉、了解收费系统及其技术提供帮助；也为更好地服务于广大乘客、加快建设交通强国、实现中华民族伟大复兴的中国梦，做出 AFC 人的一份贡献。

令人备感欣慰的是，可以相信，未来会有更多的有识之士如我们一样，从这套近百万字的丛书中获取有用的信息。

就此机会，谨向付出了艰辛劳动的全体编写人员致以崇高的敬意，向为丛书提供资料的各界人士表示衷心的感谢。

2019 年 12 月 9 日

序言

杜潜

高级工程师，2001 年创立北京中软万维网络技术有限公司并担任总经理。2005 年促成中国软件与技术服务股份有限公司成立中软 AFC 事业部，全面进入 AFC 市场。现任中国软件与技术服务股份有限公司高级副总经理、北京中软万维网络技术有限公司董事长、中国信息产业商会自动收费系统专业委员会理事长。

2010 年，中国经济总量首次超过日本，成为世界第二；2019 年，中国经济总量近 100 万亿元，人均国民收入达到一万美元。中国社会进入了一个新的时代。

十八届三中全会以来，中国不但确立了市场的主导性作用，还提出了振奋人心的市场化改革计划。随着各项经济改革举措全面发力和纵深推进，中国经济转型升级成效显著，经济持续发展的新动能不断积聚，呈现出增长质量和效益稳步提升的良好态势，经济发展向中高端水平不断迈进。在这样的经济发展形势下，变革成为一种必然。这种变革体现在方方面面和各行各业，特别是轨道交通行业。二十几年间，中国的轨道交通行业出现了自动售检票（AFC）系统，并在从无到有的过程中，逐步从弱变强。

随着轨道交通事业的蓬勃发展，轨道交通自动售检票系统开始在国内出现。这种新式的售检票系统，以其良好的可靠性和便利性，获得了业内好评。中国软件洞察市场先机，成立了中国软件 AFC 事业部，正式进军轨道交通 AFC 行业。2005 年 4 月，中软 AFC 与日本信号合作，共同参与了北京、广州、深圳等地的 AFC 系统的方案设计，在技术、设备研发等多领域广泛拓展业务，利用双方优势，共同开拓中国及世界的 AFC 系统市场。

中软 AFC 是中国软件在轨道交通领域的重点扶持对象，依托中国软件强大的软件研发能力及丰富的金融、铁路、政府系统等的系统集成能力，在中国大力发展公共交通、轨道交通的大背景下，致力于轨道交通自动售检票系统的研发、制造、实施和综合服务，为交通行业提供全面的解决方案。在探索地铁 AFC 领域的民族品牌和优秀品质发展道路上，中软 AFC 扮演着重要的角色。中软 AFC 是 AFC 行业在中国发展的见证者、亲历者和创新推动者。中软 AFC 的发展，是整个 AFC 行业在中国发展的缩影之一。

本书记录了中软 AFC 发展的历史，以中软 AFC 在日本信号的“领路”下中标北京市轨道交通首都机场线工程 AFC 采购项目为开篇，从市场开拓、核心技术研发、管理模式变革、紧跟“互联网 +”时代步伐四个方面，全面回顾了进入轨道交通 AFC 行业十几年来，中软 AFC 一步步从行业方阵的“跟跑者”变为“领跑者”，事业不断壮大，方向趋于多元，业务所涉地域日益宽广，逐步释放出更大的发展潜力的全部历程，以及在这一历程中全体员工与公司共同成长的点滴故事。本书既是一本关于中软 AFC 创新发展的传记，也是一份从侧面反映中国 AFC 企业通过自身努力掌握核心技术、实现 AFC 国产化的实录。

中软 AFC 是一支富有理想和激情的团队，内部充满追求创新的进取精神和蓬勃向上的朝气。本书所反映的，正是中软 AFC 积极创新的精神，是立志实现 AFC 国产化的信念，是不断推动中国 AFC 行业发展壮大的理想。精英的人物创造了优秀的企业，优秀的企业推动了历史的发展。中软 AFC 希望能够通过梳理自身的发展历程，回顾来时之路，让自己铭记公司的发展初心，明了得失，为今后的发展提供助益；并将公司多年的发展经验和教训分享给业内同行，望能对同仁们有所启示或提供借鉴。

历史是由一个又一个平凡朴实的故事组成的，历史是由故事中的每一个人推动的。欢迎您走进中软 AFC 的故事，了解它如何从初次涉入新领域、蹒跚学步的“孩子”，一步步走上巨人的肩膀，到长大成人，成为业内翘楚。书中的故事，仅仅是中软 AFC 的开始；未来的发展，中软 AFC 还将面临新的挑战。“长风破浪会有时，直挂云帆济沧海。”未来的故事，我们与您一起期待！

2020 年 1 月

出版说明

为宣传数十年来我国轨道交通 AFC 行业里众多企业及从业人士在开创和实施 AFC 系统项目过程中刻苦钻研、潜心服务、敢于创新、勇于进取的精神，总结提升我国轨道交通 AFC 系统的专业技术水平和服务保障能力，充分发挥 AFC 系统在轨道交通中的“脸面”作用，推动我国轨道交通事业持续发展，特编辑出版本丛书《中国轨道交通 AFC 行业里的追梦者》。

“一家一传记，一人一故事。”丛书从业主、集成商、设备制造商、模块供应商、设计院及工程施工单位等多个视角，通过丰富的案例和故事，加上一些珍贵的历史资料，讲述了我国轨道交通 AFC 行业三十多年来虽历经艰难却不断前行的发展历程。

在当前“一带一路”战略的大背景下，结合国家轨道交通“十三五”规划，通过此丛书的介绍，可以使业内决策者和具体工作人员更进一步了解和熟悉轨道交通 AFC 系统的作用——AFC 系统也是轨道交通行业里唯一涉及运营收费的专业领域。

《潜心笃志：中软 AFC 发展历程》是丛书的重要组成部分，主要讲述了中软 AFC 作为我国轨道交通 AFC 系统集成商之一，如何迈进轨道交通 AFC 系统门槛，如何发展壮大，如何不断突破角色、通过创新实现自我升华的发展之路。一路走来，中软 AFC 见证了我国轨道交通 AFC 系统的发展变迁，并随着我国轨道交通 AFC 系统的发展逐步从弱变强，为其添砖加瓦。

本书尝试由中软 AFC 人讲述中软 AFC 的追梦故事，故事的主人公有中软 AFC 的创始人、领导者，有 AFC 业务的开拓者，有技术、市场、运维、管理等公司重要部门的中坚力量，也有冲锋在前的一线员工，他们都有一个共同的特点——热爱轨道交通 AFC 事业、热爱突破自我、热爱创新。而正是这些轨道交通 AFC 行业里“永远年轻，永远热泪盈眶”的追梦者，通过开拓市场、研发核心技术、改革管理模式、涉水新技术领域，与中国轨道交通 AFC 行业共同成长。

本书真实记录了中软 AFC 这些最可爱的追梦者在奔跑中的难忘经历和蹒跚中的感人故事。他们虽然只是行业发展中的普通一员，但正是这些普通人的坚持和努力，创造了中国轨道交通 AFC 行业的历史。历史是由普通人写成的，希望通过本书的记录，能够从侧面真实反映中国 AFC 企业如何通过自己努力，掌握核心技术，实现 AFC 中国化的发展历程。

书写普通人的故事，帮助更多的追梦者实现梦想，与中国轨道交通 AFC 行业共同成长。

前言 愿乘泠风去，直出浮云间

在接到《中国轨道交通 AFC 行业里的追梦者》丛书“中软篇”的编写任务之后，我们立即开始了相关工作。众所周知，软件研发起家的我们，是轨道交通 AFC 行业的“插班生”。自 2004 年决定进军轨道交通 AFC 行业以来，在合作方日本信号的帮助下，在各个项目的设计方、业主方的引导下，我们一路披荆斩棘。为了能在行业里站住脚、走稳路、快速跑，我们埋头苦干、奋勇直前，以至于在“跑步前进”的过程中，都没有时间回头去看看来时的路。

因此，我们很珍惜这次机会。我们为这本书成立了编写小组，进行了详细的分工，收集、整理十几年来中软 AFC 成长发展中的点点滴滴，尽可能地搜集一切与中软 AFC 企业及人物有关的资料。“以中软 AFC 的方式，讲好中软 AFC 的故事”是我们进行书稿写作的核心目标，为了实现这一目标，大家都饱含斗志与激情地参与到书稿的创作工作中。

参与书稿创作的，有中软 AFC 的创始人，有推动中软 AFC 发展壮大的开拓者，有支撑着中软 AFC 不断前进的技术、市场、运维、管理等公司重要部门的中坚力量。我们建构了一个贴合事实的写作框架，尽可能不漏掉中软 AFC 发展过程中的每一个细节。我们多次开会沟通、思想碰撞，共同回忆中软 AFC 开创业务的经历和奋斗历程：有人讲述了工作中发生的有意义、有趣的故事，有人描绘了身边有血有肉、可爱的同事，以及在他们从容的外表下隐藏着的、曾经经历的无数艰辛和挑战。我们把这些回忆进行了认真的记录和整理，编写进这本《潜心笃志：中软 AFC 发展历程》。

本书全面地记录了在轨道交通 AFC 行业里，中软 AFC 如何从蹒跚学步到大步流星，一步步走好、走稳，走得更好、更稳，又如何一次次“变道”，向着更新、更好的方向发展。

我们很庆幸，在这个过程中，有一位乐于接受新鲜事物、与时俱进的创始人和领导者——杜潜。多年来，他一直把企业的存续放在第一位，一方面始终坚持并推动企业创新，另一方面致力于编制行业规范，促进建立 AFC 行业信用体系，引导其健康有序发展。

我们很庆幸，有一个团结拼搏、昂扬向上的团队。正是他们，这样一群刻苦钻研、致力于开展和实施 AFC 专业工程技术的追梦者、拓路者，支撑着中软 AFC 生机勃勃的发展；也正是他们，一群有梦想、有激情的人的不懈努力下，中软 AFC 才能够在国产化和互联网的大背景下，找到新的发力点，再创佳绩。

“愿乘泠风去，直出浮云间。”现在的中软 AFC 灯火正辉煌，耕耘在轨道交通 AFC 的沃土上、书写着轨道交通 AFC 发展的新篇章。理想远大的中软 AFC 人虽已翻过一道道山峰，但仍不断追逐梦想，向更高远的山峰进发。每一个中软 AFC 人都知道，发展的道路必然是曲折的，唯有脚踏实地、循序渐进、不断创新，才能积蓄足够的力量，才有腾飞的可能。

但，无论我们走得多远，都不会忘记来时的路。感谢中国信息产业商会自动收费系统专业委员会提供这次机会，让我们回顾自己的成长，铭记我们的初心。感谢对本书的写作给予莫大关心和鼓励的陈凤敏老师，感谢为本书的品质把关的李宇轩老师，感谢为本书的出版工作倾注大量心血的邓艳女士。

更上层楼，未来可期。中软 AFC 的故事始于本书，我们相信，在本书的积淀下，中软 AFC 未来的故事，将会更加精彩。

目录

第 1 章
初创：机遇与挑战

要加倍使出全部的力量往前冲，不要回头。如此一来，你将可以看到原本看不到的东西。

——安藤忠雄（日本建筑师）

在互联网进入中国的 20 年里，中国的经济发展、社会管理、人际交流方式以至价值观都发生了翻天覆地的变化。历史的主角是人民，中国经济发展的拓路者是企业。在这种背景之下，许多企业顺应发展与变革，在转型中实现了新的腾飞。

不破不立：迈入轨道交通行业

1999 年，中国互联网历史上突飞猛进的一年。这一年的 2 月，信息产业部宣布电信资费下调，互联网资费下降了 70%以上。这对于普通公众和互联网开拓者来说，是一个振奋人心的好消息。

正在中国软件与技术服务股份有限公司（以下简称“中国软件”）旗下负责硬件集成代理的杜潜（现任中国软件高级副总经理、北京中软万维网络技术有限公司董事长）看到了互联网在中国发展的广阔前景。此时，他说服中国软件，创建了中软 Web 应用系统开发中心；随后又作为骨干力量，创建了北京中软万维网络技术有限公司（以下简称“中软万维”）。中软万维成立之初，主要负责互联网业务以及研发办公系统、网上门户等与互联网相关的系统。

2000 年 4 月中旬，中国证监会公布《网上证券委托暂行管理办法》，中国证券电子商务在新世纪第一个春天迎来了自己的春天。6 月 10 日，时任中国证监会主席周小川在接受新华社记者专访时表示，开展网上交易，符合国际证券市场的发展趋势，有利于提高市场的透明度，满足投资者多种形式的需求，中国证监会积极支持网上证券交易的发展。在这一系列利好消息的促进下，中国的证券电子商务开始异军突起。中软万维迅速将业务拓展到证券行业，主攻证券行情和资讯系统的研发。

2001 年 3 月，中国软件任命杜潜为北京中软万维网络技术有限公司总经理。这次的人事任命，成为日后中软万维转型发展的关键。时年 32 岁的杜潜，有着属于年轻人的活力、长远的眼光和对未来的思考。他带领中软万维在互联网产品开发、商务网站建设、电子商务系统开发等方面积累了丰富的实战经验，使其成为跨入互联网时代的技术先锋。

中软万维虽然服务于证券行业，但是所研发的系统并不是证券公司的核心业务系统，仅依赖此类业务，必将受到证券行情的掣肘。企业的发展就像是在大海中航行，如果主营业务缺乏核心竞争力，一旦狂风暴雨来临，沉没的几率将会非常高。为避免这种潜在危机，如何制定长期发展战略、实现全局性开创，成为摆在公司总经理杜潜面前的一个重大课题。

2004 年，由于宏观调控力度加强，证券市场遭遇了一场不小的波澜。2004 年年初，沪深股市从 2003 年 11 月的 1307 点上升到 2004 年 4 月 7 日的 1783 点，然而，随着宏观调控的施行，股市应声下挫，股指屡屡破位下行，到2004年末，上证综合指数和深证综合指数分别收于1266.5点和315.81点，比年初分别下降15.4%和16.6%，创下2000年以来的新低点。

证券市场的变化影响着相关企业，许多与中软万维业务类似的企业偃旗息鼓。中软万维面临着严峻的挑战：如此下去，刚刚步入正轨的公司和辛苦组建起来的研发团队必将分崩离析。怎样才能找到一条新的道路，进入一个能够掌握其“核心”的发展领域?

这时，一个对中软万维有着重大意义的机遇降临了。

新开一扇窗

2001年，北京申奥成功。当时北京常住人口已达1300多万。2003年，北京机动车拥有量突破了200万辆，随之而来的是日益严重的交通拥堵。为了缓解交通问题，促进公交出行、绿色出行，北京市委市政府提出重点发展轨道交通和快速公交，北京地铁发展进入了黄金期。与此同时，为实现绿色奥运、科技奥运和推进“数字北京”工程，北京市要求北京地铁安装使用在国际化大城市轨道交通运营中普遍应用的现代化自动售检票系统。

自动售检票系统，英文Automatic Fare Collection System，业内普遍简称“AFC系统”，是基于计算机、通信、网络、自动控制等技术，实现轨道交通售票、检票、计费、收费、统计、清分、管理等过程的自动化系统。

得知北京地铁要安装使用AFC系统，一时间，国外知名

AFC 企业纷至沓来，欧美的寇比克、泰雷兹、ERG、固力保，日韩的欧姆龙、日本信号、三星等企业，在各种技术交流会、展览会上频繁出现。为了帮助国内企业学习国外 AFC 企业的先进理念，实现自我提升，为国产化打下基础，北京地铁提出，外国公司要与国内系统集成资质在一二级以上的企业联合，才能投标。而致力于拓展中国市场的外国企业经过多次接触后也发现，要想适应中国市场环境、满足政府和项目管理部门的要求、顺利完成产品交付，与中国本土企业合作是最便捷的路径。

2004 年年底，杜潜从朋友处得知有家韩国公司正在寻找合适的国内大企业合作，以参与北京地铁 AFC 项目的投标。这是一个机会。谨慎的杜潜首先做了大量的信息搜集和资料阅读工作，对 AFC 系统有了初步的认识，随后对当时中软万维的实际情况作了详细分析，他得出了一个结论——中软万维的技术和人才储备与北京地铁 AFC 项目具有一定的契合度。

趁热打铁，杜潜开始全面了解地铁 AFC 项目情况。当时国内的轨道交通 AFC 系统从设备到票卡，绝大部分还在依赖进口，虽然这样可以第一时间获得国际前沿技术成果，但代价高昂，且关键技术始终掌握在外企手中，长此以往，不利于中国轨道交通 AFC 行业的长远发展。像中软万维这样经过市场锤炼的传统 IT 公司，如能进入 AFC 市场，英雄必将有用武之地。杜潜认为，这一次，机遇的窗口终于向中软万维打开了。

坚持一次

在中软万维进入 AFC 领域之前，中国软件旗下也有其他子公司曾尝试进入，但几乎都铩羽而归。分析了同侪失败的情况，结合自己多年的企业管理和市场开拓经验，杜潜认识到行业向导不仅是项目要求，更是项目必需。现阶段，他给中软万维定了一个“小目标”——寻找一家有成熟技术或产品的国外先进企业合作。

经过一个阶段的了解与接触，中软万维决定与韩国 HIT 公司合作。通过多次谈判，终于与韩国 HIT 公司达成合作意向。然而，行百里者半九十，就在离成功只差一小步、马上就要签署合作协议时，韩国 HIT 决定退出中国市场。

当时中软万维鼓足斗志正在筹备即将开始的北京地铁 1、2 号线改造项目的投标工作，韩国 HIT 退出的消息对他们而言如突降寒霜。一没有业绩，二不是有业绩企业的合作伙伴，中软万维连资格预审都不可能通过。

公司内部逐渐传出了失望的声音，很多人觉得转型地铁 AFC 这条路可能走不通。但杜潜没有放弃希望，他坚信地铁 AFC 一定有前景。在这种不利情况下，中软万维坚持独立购买了北京地铁 1、2 号线改造项目的标书。

信念，能给茫茫大海中的轮船指引方向，能使人在黑暗中前行，促使他踏平坎坷，勇往直前。没有想到，杜潜的这次坚持，使中软万维在重要关头真正抓住了进入轨道交通 AFC 领域的机会。

无独有偶，日本信号株式会社（以下简称“日本信号”）也是由于合作企业突然宣布退出，独立购买了北京地铁 1、2 号线改造项目的标书。日本信号的主营业务为信号系统、自动验票机等的制造，是日本国内信号厂商的龙头企业，1966 年与美国厂商进行技术交流，1968 年开始生产自动验票机，经过几十年的发展，已经成为 AFC 领域的巨擘企业。

庞大的中国市场，对于日本信号非常具有吸引力，它迫切希望能够参与到北京的轨道交通 AFC 市场中来。找寻一个新的合作伙伴势在必行，这时它发现，同样独立购买标书的中软万维是一个非常好的选择。

联合投标

早年间杜潜曾担任中软中日软件中心工程师和中软海外合作事业部销售经理，因为这段工作经历，他在外资企业积累了一些人脉。通过多方引荐，日本信号方面联系到了杜潜。“合则两利”，杜潜立刻看到了与日本信号达成合作，对中软万维在地铁 AFC 行业发展可能有的巨大帮助。

不久，日本信号商务负责人伏见尚人和日本信号 AFC 事业部总经理塚本英彦来到中软万维，与杜潜第一次洽谈。杜潜向他们详细介绍了中软万维在证券和金融系统的业务和软件研发经验，并展示了公司核心团队成员在软件研发方面的强大实力。双方很快就达成了联合投标的合作意向。

为了更顺畅地与日本信号展开合作，2005 年，中国软件以中软万维为主体，成立了中国软件 AFC 事业部（以下简称“中软 AFC”）。通过多次接触，杜潜让日本信号了解到中软 AFC 在中国地铁 AFC 领域发展的坚定信心。终于，双方达成了合作共识，中软 AFC 联合日本信号对北京地铁改造及相关项目进行投标，双方正式成为合作伙伴。

两个企业的这次握手，成为各自企业的发展史上浓墨重彩的一笔。携手日本信号，中软 AFC 迈入了轨道交通行业。

投标：漫长的入门考试

2005 年 4 月，中软 AFC 与日本信号合作，开始了漫长的北京地铁改造及相关项目的投标之路。同时，它们合作开展北京、广州、深圳等地地铁 AFC 系统的方案设计，在技术、设备研发等多领域开展了广泛合作。

投标第一关是资格预审。作为招标方，北京市轨道交通建设管理有限公司的要求非常严格，在资格预审环节就要求查看设备。日本信号方面非常重视这次资格预审，按照招标方的要求，迅速完成设备加工，派工程师专程从日本运送到北京。由于是突击加工完成的，系统不是非常稳定，为了调试设备，中软 AFC 与日本信号的工作人员几天几夜没有睡觉。终于演示讲解顺利完成，资格预审通过。

地铁 AFC 项目动辄招标几亿元，与中软 AFC 以前经历的证券行业项目招标规模完全不同。中软 AFC 专门抽调 20 名员工（当时整个公司只有 100 多名员工）成立了投标团队，为了增强投标团队力量，又从深圳调来了有着丰富工作经验的赵东（现任中软万维党支部书记）负责技术层面的投标工作。

标书制作的难度首先体现在了“厚度”上，与几亿元的项目概算相匹配的是四五千页的标书厚度。杜潜亲自上阵参与标书的编写制作。自己没有经验，投标团队就尽量多参考学习优秀的标书案例。为了做到最好，每个细节都谨慎、认真对待。为了不耽误进度，他们经常写标书到深夜。

“语言不通”给标书编制带来了另一重困难。由于中软AFC之前没有编制地铁AFC项目标书的经验，每次投标前，日本信号都会先提供一版日文标书交予中软AFC，中软AFC再请翻译公司把标书翻译成中文。地铁AFC的专业性决定了翻译公司翻译的标书会存在许多语句不通顺的地方，需要投入大量人力将翻译稿二次加工。而由于北京地铁国际招标的需要，中文标书完善后，还要再翻译成英文。一套日译中、中译英的流程下来，光标书的翻译费用就达十几万元，这对于当时的中软AFC来说是一笔不小的数目。

确定投标价格也令人精疲力尽。分析每个竞争对手实际状况后，投标团队粗估出一个价格，与日本信号沟通。日本信号秉承程序严谨的工作作风，每一次的沟通结果都要上报总部，总部再派人就研究结果与中软AFC沟通。每次报价前，中软AFC都要特别拿出一周的时间，来打内部的“价格战”，反复沟通讨论，以确定最终报价。虽然合作方是日本最大的AFC企业，但能不能得到招标方的认可，谁的心里都没有底。

投标的过程是漫长而曲折的。中软AFC和日本信号之前都有过投标北京地铁5号线项目失败的经历，第一次联合投标北京地铁10号线项目没有中标，他们依旧满怀斗志，告诉自己不过是还需要积累经验。为了获取更多项目投标的经验，中软AFC与日本信号一起冒着炎炎夏日、带着样机去参加广州地铁的投标，又失败了。而真正打击到他们信心的是联合投标北京地铁 1、2 号线改造项目——这是一个概算接近 5 亿元的地铁 AFC 改造项目，所有投标方都处于同一起跑线上，日本信号又有参与北京地铁项目建设的经验，但是，投标又失败了。

每一次的信心满满，每一次的失望而归，每一次的重新来过，虽然失败也是学习的过程，但屡屡得不到认可总归让人痛苦。北京地铁 1、2 号线改造项目投标失败的消息传来的那天，整个公司像被乌云笼罩，气氛非常凝重。不知道路在何方的员工们总是有意无意地“路过”杜潜的办公室，但办公室的门一直紧闭着。

多次投标失败的沮丧、经营指标的悬顶，让杜潜倍感压力，在落寞、内疚和压抑交织下，一向坚强的杜潜也忍不住掉下了眼泪。创始团队的伙伴深知杜潜身上挑的担子有多重，他们放心不下，让王浩（现任中软万维副总经理）作代表敲门走进杜潜的办公室。王浩代表全体员工表示，虽然公司有困难，但目前证券业务的项目也可以维持 AFC 团队，大家都相信杜潜，相信只要公司坚持，就一定能闯出一条路。

同事们的支持和鼓励，让杜潜重新燃起了斗志。他打开办公室的门，面对着员工们期待的目光。他肯定了大家在前几个项目投标工作中的辛苦付出，对上一段工作进行了总结后，他开始如往常一样部署工作、分配任务。下一个项目的投标准备工作又开始了。

为了日后更好地合作，在马不停蹄参与投标的同时，日本信号派专业技术人员来到中软 AFC，为相关技术人员进行相关内容的培训。中软 AFC 也在 2005 年 10 月成立了城市轨道交通 AFC 实验室，投入专项资金从事 AFC 系统及设备的独立研发，包括 TVM（自动售票机）、BOM（半自动售票机）、EQM（查询机）、AGM（自动检票机）等设备。

拿到“入场券”

北京地铁 13 号线升级改造项目和北京市轨道交通首都机场线工程 AFC 采购项目，都是为筹备北京奥运会进行的基础建设项目。对于中软 AFC 来说，前者的投标成功率更高，也更为重要。

北京地铁 13 号线开通于 2003 年，使用的是在日本普遍流行的小磁票。应北京奥运会要求，此次升级改造所有的票卡都统一为 IC 卡，但要求保留原有闸机外壳。在这样的背景下，与日本信号合作的中软 AFC，中标该项目的优势又增加了一分。

开始时北京地铁 13 号线升级改造项目招标采用的是竞争性谈判的方式，谈了好几轮，就在快要敲定的关键时刻，招标方突然要求改用招投标的方式。第一次投标，项目流标了。当时公司在北京其他地铁 AFC 项目的投标工作也一筹莫展，中软 AFC 只能不作他想，积极准备第二次投标。

就在这时，北京市轨道交通首都机场线工程 AFC 采购项目发布招标公告。该项目只有 4 个站，规模较小，日本信号在估算了招标概算后，认为不足以覆盖整个项目的成本，因此不赞成参与该项目的投标。

但杜潜却觉得这是中软 AFC 实现行业突破的一个最佳机遇。一边是突破自我的“最佳机遇”，一边是与合作伙伴“意见相左”，该如何抉择？反复考虑之后，杜潜开始了艰难的说服工作。他多次向日本信号阐述自己的想法：首都机场线项目虽然只是一个小项目，但是拿到这个项目，就等于拿到了北京地铁 AFC 市场的“入场券”，之后中标北京地铁 13 号线升级改造项目的几率也会增加；而如果两个项目都能中标，就可以通过联合北京地铁 13 号线升级改造项目的优势，把首都机场线项目的成本降下来。但坚持原则的日本信号始终不肯松口：如果北京地铁 13 号线升级改造项目没有中标呢？

合作方不肯同意联合投标，单独投标成功的可能性几乎为零，放弃这次“稳操胜券”的投标项目杜潜又非常不甘心。“我们该怎么办？”性格坚毅的杜潜最终决定背水一战。他向日本信号保证：如果首都机场线中标而北京地铁 13 号线升级改造项目没有中标，那么所有的损失将由中软 AFC 承担。

日本信号终于点头了。投标首都机场线项目的工作正式开始。写标书、校对、打印、包装，一系列工作在项目负责人赵东的严格要求下有序进行。中软 AFC 的故事就在这个时候开始了第一个成功的转折。2006 年 12 月，日本信号作为投标人、中软 AFC 作为分包商成功中标“北京市轨道交通首都机场线工程 AFC 采购项目”。中软 AFC 迎来了它在中国市场的首个轨道交通 AFC 项目。

命运之神就是这样，它不按常规出牌，喜欢在让人们经过极限挑战之后，为坚持不懈者露出一丝希望的曙光。

柳暗花明

用破釜沉舟换来此次中标的杜潜，在开车去参加中国软件年度工作会议的路上接到告知中标的电话，激动得开车都不会走直线了。不怪杜潜如此激动，北京市轨道交通首都机场线工程 AFC 采购项目的中标，对于整个中软 AFC，都是巨大的鼓舞。

但中标的兴奋与激动并没有冲昏中软 AFC 人的头脑，大家都非常清楚地记得杜潜对日本信号作出的“如果北京地铁 13 号线升级改造项目不中标，将由中软 AFC 承担所有损失”的保证。为了确保“万无一失”，整个公司全力以赴，以更加积极努力的工作状态、更加精细的工作作风、更加严格的工作方式，投入北京地铁 13 号线升级改造项目投标的准备工作中。

一切工作都按部就班，谁曾想到，在去北京地铁 13 号线升级改造项目投标的路上，载着标书的小轿车跟一辆公交车发生了剐蹭。参与投标的工作人员精神高度紧张，深知这个项目对于整个公司而言至关重要，他们以最快的速度与公交司机完成交涉，承担了事故责任，接着一分钟也不敢耽搁，抓紧奔赴招标现场。

虽然在去投标的路上出了点小波折，但有了投标团队精心准备打下的基础，加上首都机场线项目中标的助力，在北京地铁 13 号线升级改造项目的第二轮投标中，中软 AFC 和日本信号一举中标。2007 年 8 月，中软 AFC 作为投标人、日本信号作为分包商，成功中标北京地铁 13 号线升级改造项目。杜潜的坚持和大胆的决策，给中软 AFC 带来了柳暗花明（fig.1-1）。

首都机场线和北京地铁 13 号线升级改造两个项目的接连中标，为中软 AFC 迈入轨道交通 AFC 行业奠定了坚实的基础。

fig.1-1 北京地铁 13 号线 AFC 系统改造工程签字仪式现场

学习：将 AFC 技术掌握在自己手中

在进入 AFC 领域前，中软 AFC 是纯软件背景的企业，虽然具有多个行业应用软件开发、实施的经验，但主要业务集中在银行、证券行业，缺乏专业终端设备设计、研发、生产的能力，对 AFC 系统的体系架构、业务流程、数据流转、接口定义等更是一无所知，技术方面完全是从零起步。首都机场线项目和北京地铁 13 号线升级改造项目是中软 AFC 首次参与的轨道交通项目，而这两个项目又是 2008 年北京奥运会的重点工程，因此，2007 年至 2008 年，一年多的时间里，中软 AFC 将全部精力都集中在这两个项目的实施上。

通过与日本信号频繁的讨论、沟通，中软 AFC 深入了解了日本信号的 AFC 系统框架搭建、业务、数据、接口各层面的实现形式，同时，公司陆续组织研究、学习了大量的文献、资料和行业标准，还联络其他集成商进行参观、交流活动。经过多重努力，对 AFC 系统框架和运作规则有了较全面的了解后，中软 AFC 开始依托自己丰富的软件设计经验，积极借鉴较成熟的金融系统平台架构，进行 AFC 系统的设计开发。

“厚着脸皮”学习规则

中软 AFC 的项目组工作之初就把“质量是生命线”的理念牢记在心，把地铁项目服务乘客的责任担在肩上。在软件设计开发过程中，中软 AFC 的技术人员积极参与了北京市 AFC 相关标准规范的编制和修改。

与人工售票业务不同的是，AFC 系统有很强的业务规则性，很多处理需要靠设备来完成。城市轨道交通建设工作中的一个重要程序，是由负责清算中心的集成商来制定每个设备应当执行的业务规则。当时北京市轨道交通路网指挥中心对 ACC 清算集成商进行了招标，澳大利亚的 ERG 公司中标。ERG 提供了全套应用于国外大城市的业务规则。

很快，北京市轨道交通路网指挥中心就发现，虽然 ERG 提供的是经过许多国际大城市地铁运营实践验证的成熟的业务规则，但是这套现成的规则是西方化的，并不能完全适应中国市场，也很难适用于北京当时的情况。对于中国人来说，理解起来已经很困难，更别提操作和实现了。

为了使业务规则制定得更符合国内要求，北京市轨道交通路网指挥中心成立了针对 AFC 系统进行讨论的业务组，召集参与各条线路 AFC 建设的集成商集中学习和讨论，修订业务规则。

日本信号是北京地铁 13 号线磁票 AFC 系统的供应商，而中软 AFC 只是日本信号的合作伙伴，并没有参加这种学习讨论的资格。为了尽快掌握业务规则，深入了解 AFC 行业的规律，在后续项目中快速进入角色，中软 AFC 员工以日本信号方面语言不通为借口，硬是“厚着脸皮”挤进去参加学习。

在学习过程中，中软 AFC 的技术人员不仅在现场认真听取 ERG 的专家讲解，还发动公司所有技术人员、测试人员反复研讨、理解和测试消化。参与规则讨论时，中软 AFC 的技术人员思路非常清晰、发挥出色。中软 AFC 的软件系统架构师王剑飞（现任中软万维技术专家），曾经参与多个行业系统的架构设计和技术实现，对业务和技术的理解特别深刻。经过一段时间的学习，他不但成为掌握 ERG 规则的佼佼者，还是业务规则学习小组中为数不多的能够与 ERG 专家进行对抗辩论的专家，用无可辩驳的理由让 ERG 专家接受修改意见，保证了北京 AFC 业务得到较为合理的设计。王剑飞和同事们把这个过程当作一次能够大量吸取信息、迅速学习提升的机会，他们像一群渴求知识的孩子，参与讨论获得理论知识后，回到公司马上着手实践，该编程的编程、该设计结构的设计结构，让自己在最短的时间内得到最大的提高。

“拼凑”软件体系的“往日时光”

为了能够打响进入地铁 AFC 领域的第一枪，站稳脚跟，中软 AFC 成立了坚强有力的项目团队，开始初步的项目管理探索。公司选用了业务理解和沟通协调能力较强的人员担任项目经理；

随后从研发着手组建项目团队，分别按照 AFC 系统体系架构，成立后台组、TVM 组、AGM 组、BOM 组、工作站组、测试组和结构组。随着项目的进行，当时这些小组的成员都成了今天中软 AFC 的骨干力量，承担了中软 AFC 从研发到项目实施、从商务到市场的管理职责。

为了更加了解业主——北京市轨道交通建设管理有限公司的需求，使系统设计得更加实用、易用，项目团队在深入分析标书的基础上加紧与业主沟通，充分了解他们关心的问题、关注的功能并细化需求方案和业务设计，努力将获取的诉求融入系统设计中。过程中，王剑飞提出需要引入成熟系统的架构搭建 AFC 系统，在他的推荐下公司聘用了熟悉银行生产架构体系的专业人士加入项目团队。中软 AFC 有了搭建地铁 AFC 系统的具体思路。

在终端设备的软件开发方面，在中软 AFC 成长起来的软件高手王洪峰担任负责人。王洪峰是一个非常腼腆的技术开发人员，但对程序架构、算法、效率的要求非常高。中软 AFC 第一台 TVM（自动售票机）的软件开发任务落在他的身上后，他从了解读卡器程序开发开始，刻苦钻研，摸索 TVM 软件架构。TVM 软件的一个突出特点是要求实时响应，这对操作系统和软件性能都提出了较高的要求。

在王洪峰的记忆里，那是一段“兵荒马乱”的岁月。整个中软 AFC 都没人能从头到尾把 TVM 软件说明白，大家一起摸索。起初单只把设备调成正常服务“卖”出一张票都不容易，有时甚至需要耗费很长的时间、动用整个研发的资源。而虽然技术人员夜以继日地工作，拿出的“初代”产品仍然不尽如人意。一次，中软 AFC 带着自主研发的 TVM 软件系统参加展会，

fig.1-2 中软 AFC 展会现场

工作人员向一位来到公司展台参观的专家演示系统，费了九牛二虎之力才把系统调成正常服务，但专家投币后，票却没出来。可急坏了现场的技术人员（fig.1-2）。

当时不出票的原因是软件系统还不稳定，存在缺陷。有缺陷就要去弥补，在接下来的研发中，王洪峰带着他的团队不断试验不同的模型、算法，终于寻找到了最优化、最有效率的解决途径。

地铁 AFC 业务中的票卡业务最为繁琐、复杂，BOM（半自动售票机）软件的开发需要巨大的耐心和坚韧的毅力。金之江是当时中软 AFC 第一代 BOM 软件产品的产品经理。他是中国软件的老员工，曾经在中国软件的软件外包企业开发过银行收款机软件。银行收款机软件与地铁 BOM 软件有相似之处，因此相比于其他人，金之江可谓是经验丰富。杜潜推心置腹地向金之江阐述了 BOM 软件开发对于中软 AFC 的重要性，以及后续工作的繁重及压力。出于对杜潜的信任，金之江义无反顾地加入了开发团队，带着几个刚毕业参加工作的学生，开始了一点一滴的学习、琢磨、研究。由于他在整个团队中年纪最大，为人又和蔼可亲，大家都非常亲切地称呼他为“老金”。

虽然老金不负责具体软件的研发和代码的编写，但他投入了大量的时间和精力帮助大家梳理业务。没有现成的系统，也没有规范和文档，梳理业务、整理资料文档等工作量巨大。老金将大部分的精力耗费在文档输出上。时间紧任务重，研发组的员工们每天都在争取一切可以争取的时间，为写好规格书、整理好资料废寝忘食。

那段全身心地扑在研发上的日子对于老金带领的整个团队来说，至今还是印象深刻。他们回忆那段“往日时光”时，没有抱怨苦和累，他们更愿意讲述自己在那段时光里成长的骄傲。最让老金骄傲的是，他带领的年轻人后来大多成为中软 AFC 业务和管理方面的骨干。

就在这种拼命争取时间、不断摸索前进的软件研发过程中，两年的时间转瞬即逝。两年里，中软 AFC 的软件研发部门终于成功设计实现了线路中心系统、车站中心系统、维修中心系统、票务中心系统后台、各个工作站功能以及各个设备的应用软件功能。

就这样，中软 AFC 的 AFC 系统软件进入了 V1.0 时代。

设备研发，挑战不可能

软件有了，业务规则设计好了，设备部分怎么办？做，还是不做？为了公司今后的发展，具有战略眼光的杜潜再次作出了大胆决定：中软 AFC 自主设计硬件设备。杜潜认为，进入一个行业，抓住一个机会，就一定要把这里面所有东西吃透。无论是硬件设备还是软件系统，只有把核心技术掌握在自己手里，才能为今后的发展奠定基础。

根据中软 AFC 和日本信号合作的分工，在首都机场线项目和北京地铁 13 号线升级改造项目中，日本信号提供闸机的整机和改造部件，TVM 则完全由中软 AFC 设计、研制、生产以及供货。这对于刚刚迈入 AFC 领域、没有任何硬件设备研发和生产的经验的中软 AFC 来说，是一个巨大的挑战。

既然选择了远方，就只能风雨兼程。

设备设计的第一步是外观。产品的工业设计，不仅是造型设计，还包括了人机工程用户交互等科学元素。由于北京地铁的 TVM 需求与日本信号在日本国内制造的 TVM 差异较大，日本信号没办法为中软 AFC 提供可参考的优秀案例。重新招聘专业的外观设计人员情况又不允许。怎么办？就这么止步于外观设计么？关键时刻，曾经学过美术、有一定工业设计基础的杜潜挑起了担子。

在决定转型、探索企业在地铁 AFC 领域的发展道路后，无论是因公出差还是因私出国旅游，杜潜都会特意去乘坐所在国家的轨道交通，对其 AFC 运营情况和设备外观等进行仔细的观察和了解，对 TVM 的外观和功能更是格外关注。杜潜根据自己的记忆和想象，结合北京地铁 AFC 的 TVM 功能需求，对每一个部件、每一根线条都进行了仔细的研究和思考。杜潜的设计思路是，在造型好看的基础上，将人体工程、材料、结构等内容糅合在一起，通过“画”表达出来。最终几易其稿，拿出了一份美观大方的 TVM 外观草图。再经过技术人员的多次改进、完善，中软 AFC 初步确定了 TVM、BOM 和 EQM（查询机）的外观。

得益于杜潸的美术功底，以及他在设计中以 AFC 系统使用需求为依据的选择，在后续的多个项目中，中软 AFC 设备的外观设计一直是业主赞赏有加的特长。后来，中软 AFC 特别成立了美工小组，根据各地业主对设备的外观需求进行专门设计，这也成为 AFC 自动售检票设备设计、研制必不可少的环节。

外观的设计有了，内部结构又该如何进行？当时，中软 AFC 的行业技术积累非常少，所谓的设备研发是从一个个小部件和一个个小细节开始的。一些现在看来非常简单的技术问题，他们都要研究上十天半个月。这时，赵东向杜潸推荐了机械结构设计制造出身的王晓军。王晓军在深圳一家台资企业负责供应商管理工作已经五年了，对各种设备产品的质量、规格、功能等很有了解，也很有把控能力。经过几次深入沟通，杜潸借助对 TVM 设备设计思路的清晰梳理，用自己的专业能力成功打动了王晓军。王晓军来到北京，加入了中软 AFC 的队伍。他的第一项工作就是跟着日本信号的技术人员学习硬件设备设计。

日本信号的产品设计方法、理念和经验，是可供中软 AFC 学习的宝贵资源。北京地铁 13 号线是升级改造项目，AGM 沿用日本信号的产品。为了与日本信号的产品配色、设计风格一致，中软 AFC 在实验室安装了一台日本信号的 TVM，研究学习它的外观、内部布局和安装固定形式。

当时在业内流传着两种声音。一种来自对日本信号不了解的人：“中软 AFC 说是搞硬件设计研发，不过是照搬日本信号的东西，换汤不换药，也没什么了不起！”另一种来自对日本信号非常了解的人，他们知道像日本信号这样对知识产权控制非常强的企业，不会把自己的核心技术拱手送给中软 AFC，认定“中软 AFC 是研发不出什么真正的东西来的”！

面对人们的质疑，中软 AFC 坚持用事实说话。

设备的内部硬件中，由于大型核心模块发行单元、纸币单元已确定进口国外集成商的成熟产品，剩余主要工作是硬币单元的设计、框架设计、布局以及维修模块、电源模块等小型模块设计。

设计制造工作说来寥寥一两句话，实际运作起来却极为艰难。王晓军担任主设计，选型、配合等辅助工作交给其他工作人员，他们用非常原始的手工作坊式方法，倾尽全力“拼凑”出第一台硬件设备。这是一件非常不成熟和简陋的产品：不锈钢的面板粘贴在前面板上，粘得不够牢固，使劲一敲就能掉下来；设备的背面，因间距设计不合理，装在导轨和架子上的部件，有一些线路搭在外面，在推拉过程中很容易产生火花。但无论如何，第一步已经迈出了。接下来，设计不成熟，就改进；有缺陷，就弥补。

北京地铁 AFC 系统的 TVM 要求硬币必须利用重力自然下落，并要求在乘客购票过程中，可以实现原币退回功能。这意味着硬币单元结构上要有一个暂存空间，满足 15 枚硬币的收纳需求。乘客执行取消购票指令时，系统可以打开退回门档，将之前投入的硬币退回；乘客执行确认购票指令时，系统则可以打开收入门档，将乘客投入的硬币收入回收 Hooper。

就是这样一个狭小的硬件结构空间，成了硬币单元功能实现的重要环节，处理不好，就会导致卡币或无法打开门档。设计过程中，王晓军在这一步经历了多次失败，一度想过放弃尝试直接购买现成设备。但市面上没有一个厂家生产的硬币单元能与中软 AFC 自主设计的 TVM 外壳实现“对口”，被赶鸭子上架的王晓军只好紧咬牙关，一点一点地修改、一点一点地验证测试。终于，他找到了门档开关最合理的倾斜角度，拿出为防止卡币而专门设计的导角方案，攻克了自主部件的第一个技术难关。

最终，中软 AFC 依靠自己的力量，成功设计生产了自有品牌的 TVM、BOM、EQM 设备，更完全自主设计了依靠硬币自身重力传动处理的硬币单元系统。

硬件设备的设计方案确定后，中软 AFC 选择了一家具有钣金生产和不锈钢加工能力的工厂作为合作方，配合生产厂商开始了紧锣密鼓的选型、框架、布局设计、细化设计以及样机生产组装，短时间内完成了中软 AFC 第一台 TVM 和硬币单元的设计定型，并顺利通过小批量生产验证，进入批量生产。

测试与调试

随着对 AFC 业务规则的日益深入了解和设计研发的开展，AFC 系统的测试要求提上了日程。不同于一般信息系统的测试，由于 AFC 本身是一个五层体系结构的庞大系统，整个系统要达到可用状态，需要分层次、分子系统、分模块进行测试，通过不同层级的测试结果来评估整个系统的可用性，而后通过整个系统的联调联试最终验证系统是否可以面向乘客开放使用。

中软 AFC 组建了测试团队。AFC 系统对测试人员要求很高，测试人员除了清楚 AFC 业务之外，对整个设备的功能、软件的实现、后台数据的传输处理以及体系整体的运转都要非常了解，运行中一旦出现故障，不但要迅速找出故障点，还要分析产生故障的原因。赵东亲自招聘测试团队的带队人员，并安排他们学习地铁 AFC 系统相关的业务规则和技术实现细节。

学习的过程中，谁能够深入，谁就掌握了后续测试工作的主导权。汪海珠成为了两位待选人员中的佼佼者。她是一个身材弱小、长相清秀的姑娘，却有一股与其样貌完全相反的、不达目的决不放弃、自己承担的事情一定要完成的倔劲。赵东将测试团队组建的任务交给了汪海珠，逐步组建起一支由十人组成的测试团队。

中软 AFC 的测试人员成为现场调试的主力军，有组织、有秩序地开展了 AFC 系统所需的各项测试。测试过程中，系统存在的各种问题有效地返回到研发人员手中，进行有针对性的修改，整个系统在这样的磨练中得到完善，逐步达到符合乘客使用要求的程度。汪海珠的优点传导给了她的整个团队，此后，中软 AFC 的测试团队成为一支战斗力超强、让业主极为信任与依赖的技术队伍。

设备交付运行之后，还需要一批调试人员，在现场保证其正常运行。当时中软 AFC 设计制造的设备还存在一些瑕疵，为了让设备有一定的调试量，最终实现良好运转，公司从北京建筑工程职业学院招来了 30 名学生，由赵东带队，安排技术人员带领学生在工厂和安装现场做设备的组装、通电、测试等工作。

最后一关：全员出动

北京地铁 13 号线升级改造工程涉及 16 座车站、1 座控制中心、1 座综合维修基地及近、远期的扩展预留。北京地铁 13 号线升级改造项目的成败，对于中软 AFC 未来在 AFC 领域的发展至关重要，不能有一丝一毫的疏忽。在最后攻坚阶段，中软 AFC 从上到下打起十二分的精神，全员出动，扑到项目中去。

研发团队入驻现场

北京地铁 13 号线升级改造项目具有施工工期短、施工技术难度大、现场施工的同时不中断运营等特殊性。作为首都白领的主选交通工具之一，北京地铁 13 号线平均每天要承受 60 万乘客流量的冲击，这对系统的稳定性和设备的可靠性、通过率都是一个极为严峻的考验。

项目已进入现场安装调试环节，而当时中软 AFC 所有的研发、测试技术人员都在实验室进行紧张的开发、测试工作，系统并没有最终定版，现场只有少量的硬件人员和刚刚从北京建筑工程职业学院招聘而来的学生技工，完全不能保证调试的效果和后续开展的各项测试。据杜潜回忆，当时整个系统联调不能实现完整运行，一次次的“测试未通过”，让所有人陷入了绝望。为此，中国软件的高层领导也被北京市轨道交通建设管理有限公司约谈过多次。

由于中软 AFC 在软件和硬件研发中分工非常细，现场也有业务调试、硬件调试等多种分工，技术人员调度起来非常不容易。这时，杜潜与研发负责人沟通后，做了一个重要的决策——把所有的研发人员打乱，按照车站分成多个小组，与中软 AFC 批量招入的运维技工一起作为各车站的实施人员、调试人员、保障人员，全部派往车站现场，并参照 13 号线运营区间，划分了东直门和西直门两个大的“站区”。

项目进展到关键时刻，项目经理赵东意识到所有的事情都压到自己身上不是办法，他推荐了以前在深圳的同事陈理达和林雪源。经过协调，杜潜将陈理达和林雪源从深圳调来北京，担任东直门“站区长”和西直门“站区长”。在整个测试过程中，陈理达和林雪源作为“站区长”，按照北京市轨道交通建设管理有限公司的要求，每天一站站地“巡站”，一站一站地检查情况。此外，他们还要解决技术资源调配问题。当时外方厂商的技术人员有限，当需要技术支持时，要根据实际情况做出轻重缓急的判断，安排各个车站的先后顺序。这对两个“站区长”来说是一个非常大的考验。陈理达和林雪源不辞劳苦地与各个车站沟通调度，圆满完成了计划安排、管理、保障等任务。

开发人员和测试人员则冲在一线，充当“站长”，每名“站长”带两名技术人员。“站长”管理能力相对较强，负责车站的人员、资源调配。在这段时间里，研发人员白天调试车站设备、测试系统，晚上回到公司修改代码、生成新的版本，第二天接着到现场测试验证，其中的辛苦可想而知。而正是如此的辛苦付出，为项目的顺利开通增加了一重重要保障。

经过无数个日夜的守候，“区站长”、“站长”和“站员”们用最短的时间解决了所有故障，通过大量的测试磨合设备，并做了精心的维护。最终，地铁 13 号线作为北京市第一批开通 AFC 系统的线路，不仅实现了整个路网的互联互通，还在各项测试和实际运行过程中表现出良好的、稳定的状态，各项指标在各条线路中名列前茅。

尤其让人惊喜的是，北京地铁 13 号线霍营车站在“站长”

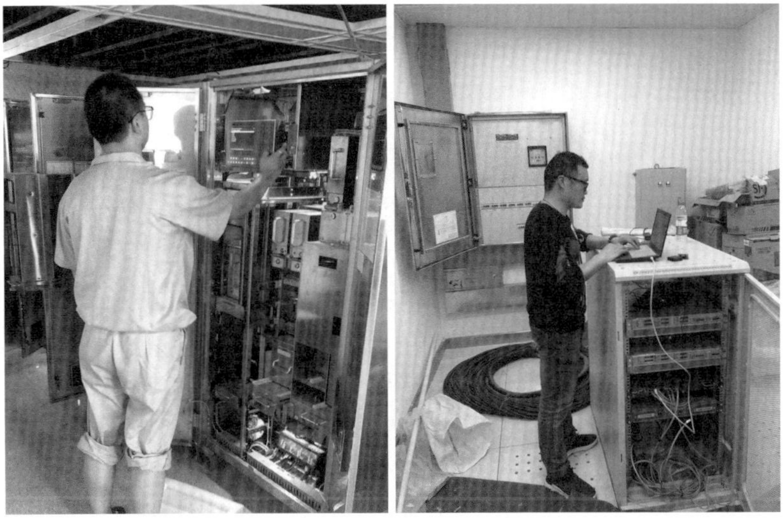

*fig.*1-3 中软 AFC 员工在设备安装调试现场

张振霞的带领下，从测试前的准备、设备的调试到测试过程的安排和操作都做到了万无一失，在联调测试中实现了零故障车站的奇迹，在全路网的比拼中独占鳌头（fig.1-3)。

经过这一过程，中软 AFC 的开发人员走出了“闭门造车”“写完一批代码、实现一项功能、完成一件工作”的单兵作战模式，对项目周期、系统功能及现场实施情况有了更深刻的认识，对资源的调度、配置也有了新的参考和积累，这成为中软 AFC 未来资源调配发展的重要铺垫。

优秀的研发、测试和调试人员用忘我的、辛勤的付出成就了中软 AFC“勇担责任、团结拼搏”的品质。担任过“站长”的技术人员，工作思路开始调整，关注的侧重点开始倾向于管理，从不会管到学会管，在解决现场问题的同时也收集、整理了大量珍贵的数据，积累了系统运营经验，日后逐步成长为中软 AFC 的中坚力量，为中软 AFC 后续的发展奠定了基础。

来之不易的成功

2008 年 6 月 9 日，北京地铁开始全面使用 AFC 系统，乘客全部实行刷卡乘车，有着 38 年历史的地铁纸质车票结束了它的历史使命。乘客进入车站需要刷一卡通或单程票通过闸机，出站时，持一卡通的乘客需要刷卡，持单程票的乘客则需要插票回收。北京市民开始感受到地铁自动售检票系统的方便、快捷。2008 年 6 月 19 日，北京地铁 13 号线 AFC 系统正式开通运营；同年 7 月 19 日，首都机场线 AFC 系统正式开通运营，保证了奥运前“国门线”的通畅（fig.1-4—fig.1-6）。

fig.1-4 北京地铁 13 号线开通，乘客过闸机

fig.1-5 运营中的北京地铁 13 号线 AFC 系统

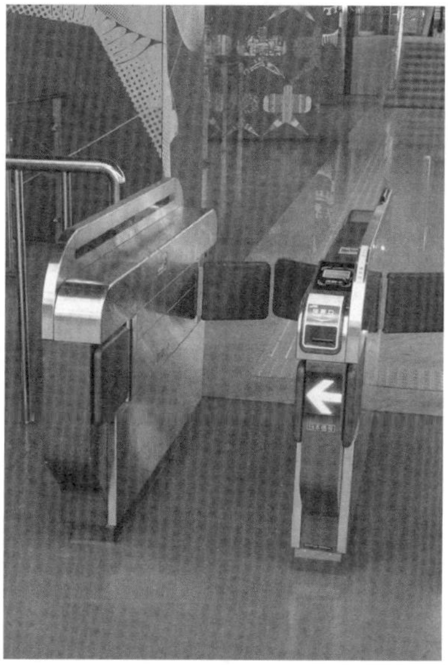

fig.1-6 北京地铁 13 号线的闸机设备

作为中国的“国门线”——首都机场线是 2008 年北京奥运会配套交通服务的轨道交通之一，是国内外游客进出机场首选的出行方式，全长 28.1km，共设 4 座车站和一座车厂。首都机场线 AFC 系统的稳定与可靠性直接关系到各国游客对首都北京的第一印象。社会各界非常重视首都机场线顺利运营。奥运会开幕前，党和国家领导人于 2008 年 6 月 25 日和 7 月 12 日专程前往首都机场线东直门站，体验了中软 AFC 为首都机场线提供的自动售票机、自动检票机等售检票设备，给予了很高的评价（fig.1-7）。

fig.1-7 出色完成首都机场线项目

中软 AFC 以优质的系统工程和高度负责的态度赢得了业内的一致好评，并在地铁 13 号线 AFC 系统建设过程中，从众多国际知名 AFC 厂商中脱颖而出，获得北京市轨道交通建设管理有限公司授予的“优秀集成商”称号。2008 年 10 月，中软 AFC 获得北京市地铁运营有限公司通号分公司授予的“通力协作，技术创新，服务奥运，贡献显著”荣誉锦旗。2008 年 12 月，因在奥运会残奥会期间为北京地铁技术支持工作作出贡献，中软 AFC 受到北京市轨道交通建设管理有限公司的表彰（fig.1-8, fig.1-9）。

fig.1-8 2008 年 10 月，中软 AFC 获得北京市地铁运营有限公司通号分公司“通力协作，技术精湛，服务奥运，贡献显著”荣誉锦旗

fig.1-9 2008 年 12 月，中软 AFC 获得北京市轨道交通建设管理有限公司颁发的保障奥运奖状

第 2 章
立足与突破：战略思维的创新

天下多少事业，皆起于一二人之梦想。天下无不可为之事，无不可见诸实际之理想。自古成功皆在尝试。

——胡适

如果说北京地铁 13 号线升级改造项目和首都机场线项目顺利完成的 2008 年是中软 AFC 进入轨道交通领域的元年，那么在之后的十年里，无论是市场开拓，还是技术储备，中软 AFC 都开始了全速进军。中软 AFC 后来居上，在不断的努力下，拿下了越来越多的市场份额，逐渐步入了中国地铁 AFC 行业的第一梯队。

大步开拓北方市场

2007 年、2008 年，全国能够兴建地铁的城市只有 10 座，国务院规定发展地铁城市应达到的基本条件是“地方财政收入在 100 亿元以上，国内生产总值达到 1000 亿元以上，城区人口在 300 万以上”。2008 年年底至 2009 年年初，发改委降低了申报条件，一口气批复了 28 座城市的轨道交通规划，总投资超过 1 万亿元。这次“大放行”在全国掀起了一股兴建地铁的热潮，而地铁项目中建设 AFC 系统也成为了大势所趋。

杜潜很早就看到了北京之外的广阔天地，也看到了市场扩大所带来的竞争。只有覆盖足够大的市场，产品才能得到应用，市场竞争力才能足够强大。他为中软 AFC 确定的发展方向是：要守好北京市场，也要拓展新的市场；要立足北京市场，也要扩大其他城市的市场占有率。

艰难的走出去之路

走出北京，第一步要迈在哪里？刚刚开始拓展市场的中软 AFC 目标并不明确，只能各方试探前行。

事实证明，走出去的每一步，都迈得非常艰辛。当时负责售前市场开拓的秦树睿（现任中软万维副总经理）还只是一个刚毕业的学生。杜潛带着他和其他团队成员走南闯北，像猎鹰一样，紧盯着每一个有资格兴建地铁的城市。他们去过广州、深圳、成都，对每一个招标项目都寄托希望，对每一次投标都认真准备，接着是无数次希望的落空。他们参与了大大小小无数次投标，经历了无数开标前的紧张与期待、被质疑时的辩解、落标时的落寞和懊恼。

为什么会屡屡失败？主要是因为中软 AFC 缺少“开通”业绩。虽然 2006 年 12 月中软 AFC 就中标了首都机场线项目，2007 年 8 月又中标了北京地铁 13 号线升级改造项目，但在这两个项目完成之前，中软 AFC 的业绩单上没有“成功开通”这四个字。而许多城市地铁招标项目的资质要求恰恰是投标方要有开通业绩。当被质疑时，市场团队人员那句不变的解释“我们有中标的项目，项目正在实施中”就略显苍白。

从 2007 年 8 月中标北京地铁 13 号线升级改造项目到 2009

年年中，中软 AFC 没有中标任何一座城市的任何一个地铁 AFC 项目。但杜潜并没不认为中软 AFC 一无所获。那段时间，电视剧《士兵突击》正在热播，在每个等待开标的煎熬时刻，杜潜都喜欢跟市场团队同事们凑在一起，用《士兵突击》来缓解焦虑，转移压力，钢七连"不抛弃、不放弃"的精神鼓舞着他们。在经历了一次又一次跌倒又爬起来的锻炼之后，市场团队成员各方面的专业能力不断提升，几乎每一个都可以独当一面了。

市场团队在经历着成长的蜕变。而首都机场线项目和北京地铁 13 号线升级改造项目投入使用后，展现出的良好的售检票功能和高效的客流处理能力，为中软 AFC 在北京市场赢得了声誉，也为中软 AFC 在 AFC 领域立足打下了坚实的基础。中软 AFC 也终于迎来两年来第一次的投标突破。

中标天津项目

天津是我国北方最大的港口城市、我国首批沿海开放城市、国际性综合交通枢纽，在京津冀地区的地位仅次于北京。中软 AFC 将北京市场之外的第一个主要目标放在了天津。在获悉天津地铁将兴建 3 号线项目后，中软 AFC 的市场团队提前着手，为提升天津地铁 3 号线项目的中标率，提出了很多积极构想。

推广"拍打门"是当时他们提出并认为最有利于中标的构想。拍打门是中软 AFC 合作方日本信号的特色技术，而国内其他竞争对手采用的均为剪式门，如果能够在天津地铁推广成功，中软 AFC 中标率将会大大提升。为此，中软 AFC 专门为天津地铁安装了两个通道的拍打门闸机充当门禁系统。

这一做法一时间在 AFC 业界掀起了关于拍打门和剪式门孰优孰劣的大讨论。中软 AFC 特地请来日本信号的专家，与天津地铁业主方交流。但遗憾的是，推广并没有收到预期的效果。在公布的招标公告中，天津地铁业主方选择了剪式门。用“拍打门”来增加中标概率的希望落空了。

天津地铁业主方有一个特殊要求，即在投标中现场要安装样机。虽然北京奥运结束后，中软 AFC 就开始自主研发 AGM，但直到天津投标时产品还没有下线，无奈之下，只得把日本信号的 AGM 运到现场作为替代。短板又一次出现了：天津地铁通用的票卡是 Token，中软 AFC 样机用的却是 IC 卡。

为此，中软 AFC 诚恳地向天津地铁业主方详细说明了实际情况，并阐述了自己的设计生产能力。好在当时天津地铁业主方主要考察各投标方是否具备 AGM 的设计生产能力、制作工艺和水平如何、软件业务流程是否顺畅，对门的形式倒没有强制要求。这一关，中软 AFC 堪堪渡过。

终于到了最后的投标阶段。天津地铁招标方将六七家投标企业的设备集中在一个大库房中，由专家评分，得分最高者中标。这次，在经历其他省市的多次投标失败后，顶着巨大压力的投标团队，终于迎来了幸运的橄榄枝。2009 年 5 月，中软 AFC 以最高分中标“天津地铁 3 号线自动售检票系统设备采购项目”，取得了北京之外的第一个项目。

中软 AFC 迅速组织团队投入项目。天津地铁虽然建设不比北京早，但在 AFC 领域起步却早于北京。天津在开通第一条地铁时，已经同步使用了 AFC 系统，对 AFC 系统有着专业认知和运营经验。在与天津地铁业主方谈判的过程中，中软 AFC 发现，天津地铁在 AFC 的软件系统和硬件设备方面都有着详细而周全的考量，且许多地方优于自己，谈判的过程又成为一次学习的过程。

2011 年，天津地铁 3 号线项目进入了 AFC 的实施环节。其他城市通常地铁建设方和运营方分属不同的单位，建设方负责前期建设，完成后移交给运营方，天津地铁则不同，他们直接把 AFC 的建设交给运营方。因此，在天津地铁 3 号线项目中，中软 AFC 直接接触的是最终的运营人员，这对于中软 AFC 了解终端用户需求有着很大的帮助，也成为中软 AFC 自我完善的一次机会（fig.2-1）。

2012 年 10 月，天津地铁 3 号线正式开通运营。应业主要求，中软 AFC 运营维护部随即开启了天津地铁 3 号线的维保工作。他们严格遵循 ISO9000 规范，每日进行巡检、检修、维修、质量分析、文件归纳整理等各方面工作。这支由 22 名小伙子组成的团队，有着吃苦耐劳的工作态度、严格的工作纪律和良好的管理制度，在此次工作中从未发生过事故，多次受到业主好评。2012 年，天津地铁与中软 AFC 签署了天津地铁 3 号线的维护合同，中软 AFC 运营维护部自此实现了从“花钱”到“赚钱”的转身（fig.2-2）。

fig.2-1 中软 AFC 为天津地铁提供的闸机设备

fig.2-2 中软 AFC 工作人员正在维修设备

夯实北京，开拓全国

中标天津地铁 3 号线项目后不久，2009 年 6 月，中软 AFC 中标“北京地铁 9 号线工程自动售检票系统（AFC）设备采购项目”，2009 年 7 月，又中标“北京市轨道交通房山线工程自动售检票系统（AFC）设备采购项目”“北京地铁 15 号线工程 AFC 系统采购项目”。中软 AFC 以北京为根据地的战略初现雏形（fig.2-3，fig.2-4）。

而正当中软 AFC 觉得已经经历了一些风浪，能够接受市场检验时，迎面而来的却是 2010 年全年零中标的沉重打击。

投标失败的原因，还是绕不过一个词——业绩。虽然中软 AFC 后续又中标了很多项目，但大部分尚未进入实施阶段，已经进入实施阶段的也还没有完成，因此，招标方依旧认为中软 AFC 的业绩不够。当时多数招标方划定的业绩门槛是 5000 万元以上，中软 AFC 已经完成的首都机场线只有 4 个站，业绩只有 2000 多万元。北京地铁 13 号线升级改造项目的业绩虽然有 1 亿多元，但很多时候招标方并不把联合体中标的项目算作业绩。

2010 年，中软 AFC 的市场人员不断奔波于各个有地铁兴建计划的城市，做了大量、翔实的前期工作，参与了很多次投标，却始终一无所获。不过，经受过初创阶段和走出北京阶段的艰辛磨砺后，这次短暂的“零中标”曲折并没有像以往一样打击到中软 AFC 的信心。在企业规模和从业心理等方面，中软 AFC 都在逐渐发展和强大。

虽然没有新项目中标，但是可以把之前中标的项目做好，证明自己的实力，争取更多机会。2010 年至 2011 年，中软 AFC 上下一心，在项目实施中埋头苦干。2010 年 12 月 30 日，地铁房山线项目和地铁 15 号线项目同时开通运营，中软 AFC 的实施能力经受住了多项目并行的挑战，所提供的 AFC 系统顺利通过了各项测试，运营良好，为中软 AFC 赢得了口碑。

fig.2-3 北京地铁 9 号线工程 AFC 系统采购合同签约现场

fig.2-4 中软 AFC 管理层与骨干在北京地铁 9 号线、15 号线、房山线中标庆功会上的合影

投标也在继续进行。投标项目总是时间紧、任务重，在领导的大力支持下，中软 AFC 市场部和商务综合部表现出强大的团队合作精神，通过辛勤认真的工作，凭借中软 AFC 已获得的良好的企业市场信誉、优秀的方案和合理的报价，战胜诸多实力雄厚的竞争对手。不久，好消息传来了。

2011 年 1 月中旬，中软 AFC 连中三标，先后中标“长春轻轨三期自动售检票系统工程”“武汉市轨道交通 2 号线一期、4 号线工程 AFC 系统自动检票机和辅助设备采购项目”“哈尔滨市轨道交通 1 号线一、二期工程线路自动售检票（AFC）系统集成采购总承包项目”，在中软 AFC 历史上形成了一个中标小爆发期。

长春、武汉、哈尔滨三个项目的中标，激励了全体员工，标志着中软 AFC 正在走出京津冀地区，大踏步地走向全国，既展示了中软 AFC 在轨道交通领域强大的开发能力和项目实施能力，又反映了客户对中软 AFC 的充分信任。

坎坷的长春与哈尔滨之役

项目中标只是“万里长征第一步”，后续的谈判才是项目顺利实施、实现目标的关键。对于秦树睿来说，长春项目的谈判是他所经历过的最艰难的谈判。

长春项目遵循的是以最低价者中标的原则，但项目中部分业务模块选择的性价比较高。如果在谈判中不能找到双方都可以接受的平衡点，项目就很难实施。在谈判会场上，由于价格、设备等问题，几次出现僵局，涉及双方的切身利益，谁都不肯轻易松口。工期是一把悬在双方头上的达摩克里斯之剑，合同签不下来，双方都有损失。

谈判的艰难让秦树睿一时不知如何是好，而支撑着他一次次打破僵局、重新回到谈判桌上的，是站在他背后，给予他无限信任的杜潜。秦树睿是冲锋陷阵的士兵，杜潜是运筹帷幄的将军。制定好谈判策略后，谈判桌上秦树睿随机应变做的每一个决定，杜潜都非常支持。几经努力，2011 年春节过后，合同终于签了下来。2011 年 6 月 30 日，长春轻轨三期自动售检票系统工程正式开通运营。

哈尔滨项目业主方招标时的心理预期是业绩较多的企业，而中标的却是这方面表现不大完美的中软 AFC，秦树睿把这次中标归结为运气。不过，虽然中软 AFC 业绩不多，在其他方面有着许多优势，在后续的谈判和合作过程中，他们通过努力，逐渐取得了与业主方的彼此了解、相互信任。

这其中最大的突破是中软 AFC 改变了业主对国产化产品的态度。在当时的 AFC 领域，业主一般都更愿意选择信任进口产品，对国产设备持怀疑态度。中软 AFC 在硬件研发方面实现了产品的国产化，本次项目实施过程中也使用了一些国产化的产品，这样不仅能够降低成本，还为之后的运维打下基础。在项目实施中，中软 AFC 经受住多重考验，圆满地完成了每一次测试，终于以实力赢得了业主方的认可。

南方项目落地开花

北京地铁 13 号线升级改造项目完成之后，作为一名猛将，陈理达接受公司的委任回到南方，着手组建中软 AFC 南方分公司。

2011 年 1 月，中软 AFC 中标“武汉市轨道交通 2 号线一期、4 号线工程 AFC 系统自动检票机及辅助设备采购项目”。武汉项目的中标，无疑给正处于向快速发展中的南方市场进军关键时期的中软 AFC 带来了信心。拿下了武汉项目，中软 AFC 在南方有了第一个立脚点。

自 2012 年起，中软 AFC 在轨道交通 AFC 领域进入全面腾飞时期。依靠自身的努力，中软 AFC 获得了很大的发展空间，跻身于 AFC 行业领先地位，项目运作遍布多座城市，甚至走向国际市场。但是，对于任何一个企业来说，要想真正的做大做强，就要不断扩张市场份额，将目标瞄向那些版图上还没插上红旗的地方。

当时国内 AFC 市场主要有三大块：京津冀、长三角和珠三角。中软 AFC 已经在京津冀市场站稳了脚跟；长三角地区的 AFC 行业盘踞了太多强有力的竞争企业，无论是上海、南京还是杭州，都已经成为激烈的“战场”，再投身进去并不明智；而珠三角地区是一个相对开放的平台，进入华南市场，不失为中软 AFC 一个合理而必要的选择。

于是，华南的中心城市广州，成为中软 AFC 需要面对的一个新的“硬骨头”。后来，实践证明，迈进华南市场这步棋，中软 AFC 走对了。

进入广州

广州是一座有 2200 多年悠久历史的古城，也是华南地区的政治、经济与文化中心。广州有着优越的地理位置，处在改革开放的前沿，集陆路、水运、航空于一体，也是高铁、城轨等交通网络最为发达的城市之一，在全国乃至国际交通线上拥有重要的地位。进入广州市场，对于中软 AFC 来说，具有不同凡响的意义。

2012 年，中软 AFC 把目标瞄向广州，杜潜带队驻扎广州。2012 年，中软 AFC 投标广州珠江集运线。虽然这只是一个五六千万元的小项目，中软 AFC 对投标的每一个环节都非常重视，从多方面预测公司中标的几率也非常大，但不幸的是，这次机会与中软 AFC 擦肩而过。

导致中软 AFC 错失这次进入广州机会的没想到是一个非常低级的小失误——装错投标资料。广州项目需要二次开标，第一次开标要求不能暴露报价，标书需要把价格和技术部分分开包装。事有凑巧，标书打印完成后，大部分员工去参加团建，只留下商务部门的两名员工负责包装，经验主义导致了一时疏忽——他们按照惯性，将价格、技术、商务等内容包装在一起了。

项目废标。辛辛苦苦从北京运到广州的样机以及安装、调试等准备工作都白费了。虽说是男儿有泪不轻弹，对失去这次项目的惋惜却让杜潜、项目经理、市场负责人和商务部工作人员忍不住潸然泪下。

从 2011 年中标武汉项目，到 2012 年广州地铁项目废标，再到 2014 年，三年间，中软 AFC 在南方市场的开拓毫无建树。

三年未获一标，作为南方分公司的负责人，陈理达身上的压力可想而知。就在这时，传来了“南宁市轨 1 号线”项目招标的消息。

当时，中软 AFC 在北方市场已经接连中标，负责北方市场开拓的秦树睿在标书制作、价格估算等方面经验丰富，而常年驻扎在南方市场的陈理达，对于业主和现场的情况更为了解。为了在南方市场实现突破，秦树睿与陈理达南北远程合作，发挥各自优势，联合投标。陈理达负责现场投标，秦树睿负责配合他进行标书制作和价格估算。慎重对待之下终于换得了喜讯。2014 年 9 月 12 日，中软 AFC 中标“南宁市轨 1 号线”项目。中软 AFC 终于敲开了南方市场的大门。

一个多月后，再次南北远程配合的秦树睿和陈理达做了更加充分的准备，重新向广州市场发起了冲击，杜潸飞到现场督战。2014 年 11 月 13 日，中软 AFC 中标“广州地铁 4 号线南段和 8 号线北延段项目”。随后，中软 AFC 在南宁、长沙、贵阳、南昌等多地均有项目中标，市场份额进一步扩大。

2014 年，中软 AFC 持续提升市场占有率，中标 8 条线路。2015 年，中软 AFC 延续了高速拓展的势头，全年参加投标 32 次（含高铁 6 次），中标 10 个项目，中标成功率高达 31%。2016 年，中软 AFC 共投标 43 次，中标 9 个项目，中标率达 23.81%。中软 AFC 用三年的时间夯实了在轨道交通 AFC 领域的领军地位。

多条线路同时开通

对于中软 AFC 的工作人员而言，2016 年是他们最忙碌、最辛苦，也是压力最大的一年。在那一年，中软 AFC 同时开通 4 条线路。似乎所有的节假日都与技术小组的现场工作人员无关。

2016 年的南宁轨道交通 1 号线项目，是广西南宁市第一条建成运营的轨道交通线路，也是全国少数民族自治区的第一条，意义重大。长沙地铁 1 号线项目与南宁轨道交通 1 号线项目同步实施。那段时间，技术部负责人李美贵不断穿梭于南宁和长沙之间。当时软件系统刚刚升级到 V4.0，在稳定性等方面还存在不足，需要技术部门投入更多的时间和精力去完善。两大项目同时进行，在资源、工期及应对的效果等方面都显得格外被动（fig.2-5）。

当时中软 AFC 项目逐渐增多，测试和研发部门许多有经验的技术人员都被调到各个项目担任项目经理或者总工，南宁项目和长沙项目技术小组的主要人员，都是来自各小组的新生力量。作为技术部负责人，在人力资源严重失衡的情况下，为了保证项目的顺利实施，李美贵不得不打起十二分精神，使出“洪荒之力”。

为了满足现场验收工作的要求，南宁技术小组兵分两路。一路在实验室负责整体系统研发、测试工作，并随时远程支援现场实施；一路带领运维人员进行现场实施部署工作。在这期间，技术人员龙金贵的父亲住院了，非常希望他能够回去照顾，但现场又面临着设备整体功能验收，离不开他。龙金贵内心非常纠结，与父亲通话时，握着电话的他，满脸都是泪水，那是

fig.2-5 顶住了多条线路同时开通的压力，中软 AFC 的工作人员正在紧张实施

不能在父亲身边尽孝的自责。技术人员谢建东的爱人正在孕期，独自一人在北京待产。好不容易抽出点时间跟爱人视频，两个人在手机前也是相对无言，只有泪双行。逐渐成长起来的技术人员，用无数次的放弃休假、夜以继日，换来了2016年年底的南宁轨道交通1号线全线顺利开通。

"速度与专业"：短周期施工的考验

在中软AFC国内市场的众多项目中，南昌地铁2号线项目较为独特，它是中软AFC实施过的所有项目中，施工周期最短的一个。南昌地铁2号线项目既展现了中软AFC对南昌市业务标准和业务数据的准确理解、为业主着想的沟通谈判能力，又体现了中软AFC对于项目资源的调配协调和应急能力。

2016年9月28日，中软AFC中标南昌地铁2号线项目。南昌地铁2号线连通江西省南昌市新老两城核心区域，覆盖昌西新城九龙湖、红角洲、红谷滩三大片区和昌东老城核心区、城南片区。为了向2017年的建军90周年献礼，南昌地铁业主方要求中软AFC在8个月内完成南昌地铁2号线项目首通段16个站的开通，其中包括培训中心、测试平台、控制中心等，工作量非常大。

项目中标后，中软AFC立即成立项目组，开展合同谈判、设计联络及样机验收等工作。为了保质保量完成项目，中软AFC选择了有着丰富项目经验的胡平担任该项目的负责人。临危受命的胡平没有让业主和中软AFC失望。项目一开始，她就以严谨的工作态度和专业的工作作风让业主折服，让业主方面的负责人发出心服口服的感叹："选择中软 AFC 真的是选对了！"

fig.2-6 设备调试结果得到了业主项目经理肯定

"快"这个字在整个项目中得到了极致的体现。2016 年 10 月 31 日，中软 AFC 与南昌地铁集团签署了合同。在合同签订当天，胡平拿出了三版非常专业的样机设计方案，让业主迅速确定样机设计方案。随后，胡平制定了严密的组织计划，与厂家敲定了供货时间和设备组装时间，迅速协调各部门进行部件采购、软件开发和设备钣金生产。2016 年 12 月初，顺利完成了样机验收，春节前，完成了小批的生产和验收、定型图纸。2017 年 2 月起，设备顺利投入批量生产。中软 AFC 只用了 3 个月时间，完成了所有产品的交货任务（fig.2-6）。

为了后续设备产品的到货、安装、调试和验收顺利进行，工作人员更是付出了艰辛的努力。由于部分车站的特殊性，进货出货的时间必须固定，特别是南昌西站这一站，只给设备安装预留了几个小时的时间，车辆进出都受时间限制。这就决定了安装过程中的每一个时间节点都要精密计算，每一个环节都要周密安排，不能出任何差错。所有这一切，胡平都用她的专业精神认真应对。项目开通前一天又出现突发状况，为此中软 AFC 紧急从长沙、武汉、天津、广州调集技术人员奔赴南昌，使南昌地铁 2 号线首通段得以顺利开通运营。"中软 AFC 是一个负责任的企业，即使在遇到巨大的困难和突发事件时也能保证不掉链子。”曾经参与南昌地铁 2 号线项目的业主方工作人员由衷地称赞。

再吹冲锋号

奋进中的中软 AFC 没有满足于眼前的成绩，而是把箭镞射向了更远的箭靶——南方市场的另一中心城市深圳。

深圳地处珠江三角洲前沿，是连接香港和内地的纽带和桥梁，也是华南沿海重要的交通枢纽，在中国高新技术产业、金融服务、外贸出口、海洋运输、创意文化等多方面占有重要地位。地理位置和经济地位的特殊，使其成为中软 AFC 的一个重要市场目标。2007 年，杜潛就带着刚刚入职的秦树睿尝试投标深圳项目。从那时起，为了打入深圳市场，秦树睿、陈理达坚持不懈地努力了 10 年。

2016 年 3 月，《中华人民共和国国民经济和社会发展第十三个五年规划纲要》正式发布，明确提出“支持港澳在泛珠三角区域合作中发挥重要作用，推动粤港澳大湾区和跨省区重大合作平台建设”。同月，国务院印发《关于深化泛珠三角区域合作的指导意见》，明确要求广州、深圳携手港澳，共同打造粤港澳大湾区，建设世界级城市群。2017 年 12 月 18 日，习近平总书记在中央经济工作会议上指出，粤港澳大湾区建设要科学规划，加快建立协调机制。作为粤港澳大湾区四大中心城市之一，深圳在中软 AFC 发展战略中的地位更加突出了。在秦树睿、陈理达的带领下，中软 AFC 的市场部门通过持续不断的努力，终于换来了中标深圳的好消息。2018 年 3 月，中软 AFC

中标深圳地铁10号线AFC系统设备采购及服务项目，中标金额1.37亿元。这标志着中软AFC在深圳插上了旗杆。

随后，中软AFC继续深耕深圳市场，为适应国内AFC行业的市场变化，及时调整市场战略，从单一的AFC专业的投标逐步转向了横向专业的联合投标。在“深圳地铁20号线的弱电总包项目”投标中，中软AFC联合上级集团公司中国电子信息产业集团旗下的其他企业，首次实现了多个专业的总承包。在市场销售方面也开始联合中国电子信息产业集团的多家企业，向投资PPP[1]项目进军。

1. PPP（Public – Private – Partnership），是指将部分政府责任以特许经营权方式转移给社会主体（企业），政府与社会主体建立起“利益共享、风险共担、全程合作”的共同体关系，政府的财政负担减轻，社会主体的投资风险减小。

初涉海外市场

在国内地铁AFC项目招标中，多次打败国外知名AFC企业，最终拿下项目标的的成功经历，让中软AFC信心大增。带着这种自信，2011年，中软AFC吸纳了一批具有长期海外留学经验的人才，组建了自己的海外销售团队，开始尝试将业务领域从国内扩展到国际，从中国扩展到世界。

一开始，中软AFC希望通过联合当地合作伙伴获取机会的方式参与投标，但四处碰壁后，发现由于中外地铁建设资本运作方式不同，国内投标的老路在国外走不通。这时，中软AFC的“老搭档”日本信号又伸来了橄榄枝。日本信号希望通过使用中软AFC生产制造的、成本相对较低的产品，帮助他们在海外中标更多项目。不久之后，日本信号在其他国家项目的招投标竞争中脱颖而出。2011 年 12 月，经过艰苦细致的谈判，日本信号与中软 AFC 就“印度金奈地铁 1 号线项目”签订了合作协议。这一合作标志着中软 AFC 走出国门，开始涉足海外市场。

第一个海外项目

金奈地铁项目始于 2011 年 4 月，一期工程于 2014 年 4 月投入试运行，二期工程于 2015 年底投入试运行，两期共 32 个车站。项目周期长，日方对细节把控非常严格，从设备的设计、生产、调试、发货到软件开发等各个环节，都给中软 AFC 带来了巨大挑战，项目实施难度巨大。

整机在国内工厂安装调试完成后，需要按照日方要求进行拆分，发货到日本，在日本二次组装，调试合格之后，再由日方发货到印度金奈进行现场安装调试。项目所在地是国外，设备经历多次空运或海上运输，又要进行拆分和二次组装，对设备的包装及运输要求非常高。项目的整个实施过程，中软 AFC 项目及技术人员都要全程参与，确保设备功能的稳定可靠。

2013 年 2 月 28 日，为了应对印度金奈地铁项目业主方需求，中软 AFC 在 1 个月内完成了两台 TVM、4 个通道 AGM 等全部的机械组装、电气组装和测试工作。2013 年 3 月，中软 AFC 印度金奈地铁项目事务组、质管、商务、库房、电气、机械、软件等相关部门的全体员工，以项目目标为出发点，从自身做起，尽力为其他部门提供支持，力争尽快解决物料采购、物料检查、物料清点、设备组装调试中每天出现的各种问题，通过努力最终按照原计划完成了第一批设备的出货。

印度金奈地铁 1 号线是中软 AFC 第一个海外项目，领导高度重视，项目组精心组织，精密筹划，各相关职能部门密切配合，狠抓细节，严控质量，设备出厂通过了日本信号的严格检查和验收，保证了项目的顺利开通。印度金奈地铁 1 号线的成功交付及开通，为中软 AFC 参与海外项目积累了宝贵的经验，带动了中软 AFC 设备生产质量及项目实施水平的提升，达成了预期的项目目标（fig.2-7，fig.2-8）。

fig.2-7 中软 AFC 为印度金奈地铁项目提供的闸机设备

fig.2-8 印度金奈地铁 1 号线顺利开通

中软 AFC 为印度金奈地铁项目提供的全部的 AFC 系统相关设备，包括 TVM（自动售票机）、AGM（自动检票机）等终端设备，以及车站、线路计算机系统，全部为中软 AFC 自主研发、制造，这标志着中软 AFC 自主研发、制造的 AFC 相关设备，已经具备在国际市场竞争的能力。中软 AFC 更是以印度金奈地铁项目为契机，将中软自主研发的 AFC 核心设备不断推向国际市场。

参与“一带一路”项目

随着中国政府提出“一带一路”倡议，发起建立亚洲基础设施投资银行和设立 400 亿美元的丝路基金，中软 AFC 也投入了越来越多的精力参与海外项目的建设。

2014 年 1 月，巴基斯坦旁遮普省公共交通公司就橙线项目发出国际公开招标。2014 年 4 月，中国铁路总公司（以下简称“铁总”）和中国北方工业公司（以下简称“北方公司”）本着强强联合与合作共赢的初衷，组成联营体，最终从多轮竞标中脱颖而出。2015 年 4 月，旁遮普省公共交通公司与联营体正式签订巴基斯坦拉合尔轨道交通橙线项目 EPC 总承包合同，合同总价约为 16 亿美元。项目采用中国标准，地铁车辆及机电系统全部采用中国设备。

中软 AFC 决定参与“巴基斯坦拉合尔轨道交通橙线项目自动售检票 AFC 系统”项目的竞标，由海外销售团队的王浩铭负责项目跟进。海外项目与国内项目不同，在招投标中，事务性的工作非常繁琐，资质证书的翻译、公证，标书文件的中英文翻译以及业主的许多临时要求，都需要认真、仔细应对。经过两年多的努力，2016 年 5 月，中软 AFC 中标“巴基斯坦拉合尔轨道交通橙线项目自动售检票AFC系统”项目。

作为一个大型的轨道交通项目，拉合尔轨道交通橙线项目正线全长约25.58km，全线共设车站26座，其中高架站24座，地下站2座。在线路北端设车辆段，南端设停车场，全线设置主变电所2座，在车辆段设有控制中心及安全中心，二者共用同一建筑。合同工期为27个月，在项目建设完成后，铁总北方联营体还将承担5年运营维护工作。

为确保拉合尔轨道交通橙线项目建设能够按照高标准高质量完成，巴方业主聘请了巴基斯坦国家工程咨询公司和中铁工程设计咨询集团有限公司（以下简称“中铁咨询”）组成联合体，作为业主设计监理咨询单位。其中，巴基斯坦国家工程咨询公司负责项目设计审查、土建工程详细设计和土建工程施工监理，中铁咨询负责提供设计咨询及土建与机电监理。

项目的出厂检验非常严格。每一个批次的货物在国内都要由中铁咨询、铁总北方联营体、通号国际、铁三院进行多个部门的严格出厂检验。在如此严格的情况下，中软AFC没有掉链子，货物全部通过国内厂验、满足发货要求。

项目供货周期较长。所有设备均需海运，海运时长约1个月，从供货商处运输设备到达现场更是需要1至2个月。项目部全力支持按时发货，在过程中尽可能保护和完善设备。

产品验收非常严格。设备运到现场后，巴方监理负责验货。巴方的现场监理对设备检查的要求异常严格，按照每箱必开、每箱必看的方式，将所到货物全部拆开验货，完全按照规格书上写的指标来验收，连外层漆的厚度都需要专门的工具来查验。据参与项目的工作人员回忆，提交产品验收时，巴方对文档内容要求非常严格，证明文档十分繁复，对货物和相关技术文件的对比更是严上加严，每个货物的规格型号都要确认，每台设备的序列号都要记录，每个电子产品的内核也都要确认。在了解了巴基斯坦的国情后，中软 AFC 的工作人员通过耐心交流、开展工作，取得了对方的信任，双方互相体谅，最终顺利完成了产品验收（fig.2-9）。

fig.2-9 巴基斯坦拉合尔轨道交通橙线项目巴方监理正在进行严格的到货验收

为了更好地完成拉合尔轨道交通橙线项目，中软 AFC 派驻巴基斯坦当地的工作人员付出了很多的努力和牺牲，有的工作人员为了把工作做得更好，把自己像钉子一样钉在了拉合尔，一年到头也回不了一次国，更别说回家了。

巴基斯坦天气炎热，拉合尔每年 4 月至 11 月属于夏天，平均气温 38℃，最高温度超过 50℃。工作人员每次在仓库验货后都会全身湿透，筋疲力尽。当地的基础设施较差，很多人都产生了这样或那样的身体不适，过敏、蜕皮等大大小小的毛病困扰着他们。现场安全条件差更是令人担忧。

由于“一带一路”项目相关企业多数坚持本土化发展，海外机构中有接近 85%的员工来自当地。因而，中软 AFC 的海外项目组中也包括中软 AFC 从国内派驻的工作人员和巴方当地招聘的工作人员。由于文化的差异和语言的不同，沟通和交流也成为困难。

但是这些都没有难倒中软 AFC 派驻巴基斯坦的工作人员。他们用中软 AFC 特有的坚毅、严谨、专业等精神，克服了一个又一个困难，为推进“一带一路”基础设施建设，加强中国与周边国家合作与发展贡献了自己的力量（fig.2-10）。

拉合尔轨道交通橙线项目对于巴基斯坦来说是一个非常重要的民生项目，对于我国与巴基斯坦的友谊来说也非常重要。中软 AFC 能够参与该项目，公司上下都备感荣幸，而该项目也是对中软 AFC 在轨道交通行业实力的重大肯定。由此中软 AFC 在扩展海外项目方面又迈进了一大步（fig.2-11）。

fig.2-10 巴基斯坦拉合尔轨道交通橙线项目设备现场安装

fig.2-11 中软 AFC 为巴基斯坦拉合尔轨道交通橙线项目提供的 AFC 设备

高铁：开拓新领域

“早赏江南春，晚滑塞北雪”“京广朝发夕至”“千里粤闽一日还”……随着全国高铁网络的逐步形成，这些都不再是梦想。从 2008 年 8 月 1 日京津城际高铁开通，到厦深铁路的通车运营打通了东南沿海客运专线的最后一公里，中国高铁从无到有，实力逐步增强，不仅改变了市民生活，更深刻改变了经济格局。为了将 AFC 设备、核心软件应用领域市场再进一步扩大，中软 AFC 开始计划进入高铁领域。

在 2011 年之前，高铁领域的 AFC 系统没有完全放开，想要进入高铁领域几乎是不可能的。而随着市场的逐渐开放，国家明确了放开铁路建设的准入机制，允许以地方政府、中央企业、民营及民营资本控股型企业、外资企业参股或控股的形式参与支线铁路、城际铁路的建设。自动售检票系统在高铁领域也属于核心系统，对于中软 AFC 来说，这无疑是释放出了巨大的 AFC 市场潜力信号。中软 AFC 想要抓住这次机会。

进入高铁领域，中软 AFC 面临的是优势与挑战并存。优势在于，高铁一直使用磁票，而中软 AFC 与日本信号合作期间均使用磁票，做过 AFC 磁票处理，经验非常丰富。挑战在于，高铁售检票系统与地铁售检票系统看似相似，但业务逻辑却有区别。高铁客运组织非常灵活，可在全网实现互联互通、对号入座、由车换线模式，要求售检票系统针对每列车来完成，其人工售票的比例较高并结合列车上查票的方式进行检票，比地铁相关系统更为复杂。地铁 AFC 系统只有票务系统，而高铁 AFC 系统不仅有票务系统，还有旅服平台、监控系统、客运广播系统、综合显示系统、安检系统、实名制验证系统、公安管理信息系统、办公信息系统、行包系统和货运系统等十余个信息客服系统。虽然相对于各地地铁建设的思路、模式管理等通常存在差异，高铁领域有管理体系整齐划一的优点，各地的高铁建设在系统要求、技术标准、产品选型等方面都非常一致，但不同的管理体系和业务标准对刚刚进入高铁领域的中软 AFC 来说，也充满了困难。

以上种种意味着中软 AFC 又要接受新一轮的挑战。拿下项目后该如何实施？高铁领域有哪些技术标准？客服系统由哪些组成？一系列的问题摆在了中软 AFC 面前，需要在项目的实施过程中逐一解决。

向莆铁路开门红

2012 年，中软 AFC 开始与高铁领域资深企业合作，进行高铁项目的投标。高铁项目与其他地铁项目的评标方法不同，采用现场抽签的方式，在最低价中标法、综合平均分法、摇珠法三种方式中抽取其一。与合作企业商议后，中软 AFC 采用最低价中标法参与投标。同年 8 月，中软 AFC 中标“新建向莆铁路客服系统集成工程施工总价承包”项目，正式进入高铁领域。

新建向塘至莆田（福州）铁路（以下简称“向莆铁路”）作为当年全国开通里程最长的铁路线路，在开通过程中受到赣闽两省各级政府以及铁路总公司的高度重视。由于向莆铁路是中软 AFC 中标的第一条高铁项目，中软 AFC 没有精于高铁项目的技术人员及项目管理人员，主持重担落在了有着丰富项目经验的赵东身上。杜潜从各部门抽调人员组建第一个高铁项目组，并大胆启用了有海外留学经验的杜嵩，让他担任向莆项目内部的项目经理。

在项目启动前，赵东带着杜嵩等项目组成员认真研讨学习，仔细研究项目需求，查阅以往高铁建设资料，编制项目实施计划，协调各环节支持人员，并在实施过程中不断调整改进管理方案。杜嵩带着一批项目实施人员尝试着开展工作。系统多，涉及的厂家也多，相应的协调难度也会增大。施工过程中，设备种类多，相应的施工点位也多，与各相关接口单位协调沟通量极大。由于开通时间固定、作业面受房建进度影响、工期紧张等因素，中软AFC工作人员不仅要加班加点，还要协调供货商、技术人员加班。此外，高铁项目的验收工序相比地铁验收更多，施工位置往往在高山荒野，条件艰苦。这些困难项目组成员们都一一克服，最终圆满地完成了工作任务。

虽然困难重重，但项目组成员们苦中作乐。赵东回忆说："项目遍布江西和福建的山区，尽管路途遥远，但也增加了很多乐趣。我们顺利完成了实施和验收，也觉得非常自豪、非常有成就感。"

高铁客服系统直接面向公众，是门面担当。作为重点工作，在向莆铁路项目临近开通时，经常会有领导及专家前来视察工作。中软AFC在一次次检查中经受住了考验，得到了各界的高度评价。

经过向莆项目的洗礼，中软AFC锻炼出了一批高铁客服的专业人才。很多项目组成员在向莆项目结束后，奔赴后续中标的其他高铁项目。同时，向莆铁路项目也是中软AFC第一次与诸多高铁客服行业的厂家合作，良好的项目成果促进了中软AFC与诸多单位建立良好的合作关系。

fig.2-12 向莆线南昌西站顺利开通

向莆铁路项目的顺利实施，为中软 AFC 在高铁领域取得了开门红。2014 年 8 月，哈尔滨项目与向莆铁路项目同时开通，两个项目为中软 AFC 创造了两亿多元的业绩（fig.2-12）。

收获与反思

在向莆铁路项目中，所用的设备需要大量从其他厂商处采购，采购中需要垫付大量的货款。中软 AFC 项目组逐渐形成了一个普遍的意识：要以申请回款为重。他们齐心协力，围绕着尽快让垫付款项回到公司想了很多办法。

高铁项目与地铁项目不同，地铁项目付款的周期会较长，高铁除了预付款外，设备到货通过验工后，业主会支付 80% 的到货款。验工计价是申请付款的第一个环节，也是相对重要的环节。为了在这一环节上不出差错，项目组的所有员工非常努力地在现场盯着监理、专业工程师、设备部等签字验收。其他只要是涉及回款的事情，员工再苦再累付出都会为其让路。甚至有一段时间，地铁项目的回款状况都不及高铁项目。

fig.2-13 为确保湘桂线项目顺利开通，赵东带领研发人员加班加点

fig.2-14 紧张实施中的咸阳西站项目

向莆铁路项目组的员工们顺利完成项目、回到地铁领域之后，把在向莆铁路项目中形成的“以回款为先”的作风也带回来了。

此后，中软 AFC 又中标湘桂线、咸阳西站、沪昆高铁贵州段、石济高铁等高铁项目。在尝试了几个项目之后，杜潜逐渐意识到，高铁的铁道系统集中化管理的模式，与中软 AFC 想要借进入高铁领域在 AFC 设备、核心软件的应用领域扩张市场的初衷非常不一致。在高铁这个软件统一、标准统一的平台上，中软 AFC 作为集成商，并不掌握核心技术，只是单纯地集成安装设备。这样一来，高铁领域对于中软 AFC 来说，价值完全达不到预期（fig.2-13，fig.2-14）。

尝试过几个项目之后，中软 AFC 开始重新思考自己的定位，暂时退出了高铁市场，但是并没有完全放弃这一业务。随着城际高铁越来越倾向于通勤化，在未来，也许中软 AFC 将会通过新型支付技术等再次进入高铁领域。

向着更加光明的未来

2017 年 6 月 30 日，中国信息产业商会自动收费系统专业委员会在北京成立，地铁、铁路、公交等售检票相关企业迎来了自己的产业组织。

中国信息产业商会自动收费系统专业委员会（以下简称 AFC 专委会）是由国家电子计算机质量监督检验中心、北京城建设计发展集团股份有限公司、中铁第四勘察设计院集团有限公司、中国软件与技术服务股份有限公司、广州广电运通金融电子股份有限公司、深圳市雄帝科技股份有限公司等全国各地相关的设计院、集成商、设备商、第三方服务机构共计七十余家单位联合发起成立的，是服务于自动收费系统领域的全国性、非营利性社会组织。AFC 专委会以“联合、服务”为宗旨，反映会员和行业诉求，维护会员的合法权益，促进行业自律和规范；推动会员开展国内外业务交流与合作，研究我国自动收费领域政策、技术、标准等问题，努力促进我国自动收费系统的有序发展，推动技术进步和创新，为我国自动收费系统产业的壮大和发展贡献力量（fig.2-15）。

在中国信息产业商会自动收费系统专业委员会成立暨第一届会员代表大会上，杜潜当选为理事长。这是对杜潜多年来在我国轨道交通自动收费系统领域所作贡献的肯定，也是对中软 AFC 企业实力的认可（fig.2-16）。

2018 年是中国轨道交通建设的一个“大年”。随着国内外经济形势的发展，国家放开轨道交通建设的条件，AFC 行业迎来了又一个快速发展的窗口期。在这样的大环境下，依托产品质量、项目执行能力、项目完成的口碑，在项目各专业人员的共同努力下，中软 AFC 迎来了项目的爆发期，一举拿下十多个地铁 AFC 项目以及多条高铁 AFC 项目（fig.2-17，fig.2-18）。

fig.2-15　筹备成立中国信息产业商会自动收费系统专业委员会

fig.2-16 杜潜当选为中国信息产业商会自动收费系统专业委员会理事长

fig.2-17 杜潜作为中国信息产业商会自动收费系统专业委员会理事长在 2018 年合肥年会上致辞并现场互动

fig.2-18 秦树睿在 2018 年合肥年会上就新型支付话题进行交流演示

与时俱进，随着“互联网 +”和移动支付的发展，中软 AFC 也持续发力，领跑向前（详见本书第 5 章）。2018 年，天津地铁 5 号线、乌鲁木齐地铁 1 号线、贵阳地铁 1 号线二期、北京地铁

8 号线三、四期以及大连地铁手机支付项目开通，青岛地铁扫码过闸上线、贵阳地铁扫码上线、哈尔滨手机支付等项目陆续开通（fig.2-19—fig.2-21）。

在硬件方面，中软 AFC 参与了青岛地铁 2 号线、哈尔滨地铁 1 号线、天津地铁 3 号线、天津地铁 5 号线等 12 条既有项目的二维码改造方案工作；针对语音识别专项方案，中软 AFC 进行过多次方案测试及器件选型测试工作，并对南昌、武汉、青岛、广州、天津等城市的云购票机进行了个性化改造；配合市场进行

fig.2-19 青岛地铁扫码过闸机功能正式上线

fig.2-20 贵阳地铁开通

fig.2-21 青岛地铁“云购票机”正式上线试运行

了青岛、南宁等城市的人脸识别方案演示；承接了 6 个项目的外观设计，3 个项目的样机硬件设计制造任务，并根据长沙项目需求，优化了传统的 Token 发售单元，减少了卡票率，使其安装更灵活且方便与其他厂家互换，并能适应未来小体积的售票机。

2018 年，中软 AFC 共有 21 个实施和运维项目同时进行，2019 年，共有 11 个城市 89 个站点开通调试，这就要求中软 AFC 提供大量人力、财力、物力和技术资源。中软 AFC 开始尝试实行项目实施与运维外包制度，通过市场手段以最小的成本实现项目的按时保质保量交付。到 2019 年年底，共有 14 个项目实行了实施与运维外包，极大地提升了中软 AFC 项目的交付能力，实现了在不增加人员的基础上，保证项目的按时交付和管理。

时间在行走，脚步不停歇。从北京到全国、从国内到国外、从地铁领域到高铁领域，中软 AFC 不断开拓视野、尝试创新，一步一个脚印地为“崛起”打下了坚实的基础。截止到 2019 年年底，中软 AFC 累计中标项目达 61 个，中标金额达 48.4 亿元。明智的阶段性决策、科学的战略布局、强大的市场开拓能力和坚决的执行力，让中软 AFC 在短短十几年内实现了追赶与超越，成为地铁 AFC 领域的佼佼者。而能够取得如此的成绩，与中软 AFC 不断增强的核心竞争力密不可分。

第3章
核心竞争力：技术创新的不断升级

只有拥有核心技术知识产权，才能进入世界竞争。

——任正非

中国企业的崛起之前一直被看成是“跟进”战略的成功，在每一家成功企业的身上几乎都能找得到国际同行的影子。而近年来，很多中国企业的规模和市场占有率都已位居世界第一——联想是全球最大的电脑制造商，华为是全球最大的电信设备商，万科是全球最大的房地产商，苏宁是全球最大的电器连锁零售企业。很多当年被中国企业仰望的韩国标杆公司都已凋零，如美国的摩托罗拉、欧洲的诺基亚，乃至日本的索尼、松下和三洋。这一景象如果被定义为“新常态”，便意味着中国企业必须具备领跑和自我突破的能力。这是一次极其光荣却也无比艰辛的新长征。

2000—2004年，为中国市场提供AFC系统的集成商主要有日本信号、美国CUBIC、法国泰雷兹、韩国三星、新加坡新科、西班牙泰尔文特等国外厂商，集中在北京、上海、广州、天津、南京等主要城市。AFC是轨道交通领域第一个面向乘客的系统，是轨道交通最基本、最重要的系统，也是国家重点要解决的三个国产化系统之一。国家对AFC建设提出了60%～70%的国产化率指标要求，各地相继开始自主研发AFC系统设备，探索城市轨道交通国产化之路。

在这样的大背景下，中软 AFC 不能落后于人。杜潜提出“自主化是前提，产业化是基础，国产化是目标”，中软 AFC 的发展也进入了第三个重要阶段——纵向的产业链部署，着手升级软件应用平台、完善硬件技术体系。

道路的选择

2005 年决定进入地铁 AFC 领域时，作为“插班生”的中软 AFC 显然已经错过了完全自主研发的最佳时机，“完成产品研发后再进入市场”的思路显然不适合当时的企业发展。与国际知名 AFC 厂商合作，引入成熟、先进的技术是最好的选择。成为合作伙伴后，中软 AFC 积极向日本信号学习，制定了明确的产品发展路线，并与外方协商确定了知识产权结构，将先进经验消化理解后，择机进行自主产品的研发，步步形成中软 AFC 的产品主线，奠定了坚实的产品基础。

初期项目经验

在首都机场线项目、北京地铁 13 号线升级改造项目中，中软 AFC 自行完成了所有线路系统、车站系统、终端设备的软件开发。由于没有硬件设备研发制造的经验，中软 AFC 采取了最稳妥、最负责任的方式：AGM 整机引进日本信号原装设备；TVM 学习日本信号设计经验，结合国内需求自行设计、由专业工厂生产制造；BOM 完全由中软 AFC 自行研制开发生产。

这种分类研发的生产模式，让中软 AFC 能够按照北京市政府的要求，保证工期、保证质量地完成所有设备生产、软件开发、现场安装、开通前调试和验收，拿下了保开通、保奥运的攻坚战。同时，中软 AFC 在与日本信号、制造工厂以及业主方北京市轨道交通建设管理有限公司、北京城市快轨建设管理有限公司，运营方北京市地铁运营有限公司的合作中，学习、摸索到了更多 AFC 行业业务经验和设备生产经验，锻炼了一批后备人才，为中软 AFC 日后消化吸收日本信号设备经验、逐步实现国产化打下了良好的、坚实的基础。

确定关键发展方向

在完成首都机场线项目和北京地铁13号线升级改造项目后，中软 AFC 尝到自主研发软件系统和部分硬件设备、掌握一定的核心技术的甜头。杜潜充分分析国内地铁 AFC 市场后发现，通过一批与国际公司合作或被地方政府扶植而成长起来的国内企业对国产化政策的不断贯彻，在国内 AFC 市场，中国企业已逐渐能够与国外企业竞争。

国内 AFC 市场分为系统集成、设备制造和核心模块三部分。经过早期、中期的发展，国内 AFC 集成商结构发生了很大变化，国外公司慢慢转向模块供应，国内的集成商开始做大做强。但也有部分国内企业打着国产化招牌，在总包项目后分包给国外企业或国外企业的国内分公司、合资公司，管理和研发核心掌握在国外企业手里的局面依旧没有改变。

随着城市化进程加快，大中城市高速发展，轨道交通建设也驶上了快车道。轨道交通建设是一个细分市场，这给AFC行业带来了无限机遇。国家开始重点关注如何通过降低AFC系统投资来有效降低国内轨道交通建设成本的问题，鼓励国内制造企业创新突破，完善生产能力、创新产品，摆脱国外制约，取得自主知识产权。

产品的产业化和产业链的形成是完成国产化目标的重要环节。完全依靠代工方式的产业化是高风险、低价值的。中国沿海城市，尤其是温州等地在经济发展初期，采用的都是这种模式，经过漫长的发展周期，他们逐渐认识到，自己付出了辛勤劳动却没创造出相应的价值，这其中的重要原因就是没有拥有核心技术的知识产权。由此可见，产业化的核心是自主化，即国内的AFC系统集成商和制造商能够拥有自主知识产权，这就需要一批具备实力的企业投入大量资金和人力物力进行研发。作为负责任的央企，中软AFC开始把实现AFC系统国产化作为重要课题。

在归纳总结前人经验、吸取教训的基础上，中软AFC制定了国产化“打基础、上台阶”的两步走战略，即通过向国外先进企业、国内有经验企业学习，对AFC先进技术进行全面学习和掌握，打好基础，随后全过程系统研发，掌握核心技术，研发核心产品。中软AFC开始朝着软件系统、整机、核心模块全部实现自主化、产品化的方向努力。

成立研发中心

2010年年底，北京地铁房山线、15号线项目顺利开通后，中软AFC在业界打响了旗号，积累了广泛的口碑。在这期间，中软 AFC 的软件研发团队得到了锻炼成长，设备研发团队也逐渐发展壮大，这为中软 AFC 实现产品化提供了可能。

为了在轨道交通 AFC 系统中拥有完整的自主知识产权，进一步降低建设成本；为了进一步推动中国 AFC 系统技术发展，带领中国的轨道交通 AFC 技术进入国际市场，2011 年，中软 AFC 领导层经过多次开会讨论后决定：成立研发中心，走产品化之路。成立之初，研发中心提出了“打造世界 AFC 品牌”的愿景和口号。

知易行难。走自主研发和产品化之路与企业各方面发展息息相关，是一个庞大而复杂的工程。自主研发的过程注定是艰苦而漫长的，要想让研发团队成功度过“破茧”期，选择合适的带头人至关重要。为了确保研发工作顺利推进，杜潜将组建研发中心团队的任务交给了王剑飞。无论是从北京地铁 13 号线软件研发团队组建的成功经验考虑，还是从个人的组织力和领导力考虑，王剑飞都是不二人选。

接受任命后，冷静的王剑飞并没有大张旗鼓地招聘人才，他把工作重点放在了推动软件系统产品化和研发各类硬件设备上，将原来的软件研发中心与设备研发中心进行了整合，设立软件研发部、电气研发部和机械研发部，并分别确定了牵头负责人。

由于中国软件强大的软件研发背景，软件研发部的技术规范和管理流程均较为完善，他们在王浩的带领下，划分了 TVM/AGM/EQM 开发体系、BOM 开发体系、工作站开发体系和服务器开发体系四大开发体系，开始按部就班地开展工作。

电气和机械部分是 AFC 设备系统中的关键部分，而中软 AFC 最大的短板却正是电气研发和机械研发，几乎没有任何人才储备。经过反复讨论，中软 AFC 决定先向日本信号购买设计版权，在中国自主生产设备，实现核心部件的自主化。电气研发部和机械研发部刚刚起步，为了日后的可持续发展，规范技术和管理流程、“立下规矩”，研发中心将工作重点放在了建立完整的研发过程管理流程和质量管理体系上。王剑飞与负责人多次沟通，并在时任质量管理部经理胡平的帮助下，对各产品设计、实现、工厂配合等各方面进行了规范，细致到每一个步骤，并在每一步设置评审评估环节，确保每个流程实施有效。

在规范和流程制度确立后，王剑飞开始带领研发中心着手技术引进，进行核心模块研发，招兵买马，吸纳经验丰富的技术人才，壮大团队力量，研发中心的人才体系框架迅速搭建完成。在优秀人才的共同努力下，接下来的几年里，中软 AFC 在软件研发和硬件研发方面都取得了长足的发展。

软件应用平台螺旋式提升

2009—2011 年，中软 AFC 相继中标北京及外省市的多个项目，以及海外的印度金奈项目。AFC 国产化蓬勃发展，中软 AFC 积极参与 AFC 行业各种标准的制定，包括《城市轨道交通自动售检票系统检测技术规程》《北京市轨道交通 AFC 系统设计及实施导则》《城市轨道交通自动售检票系统工程质量验收规范》。2009 年 6 月，在第十三届中国国际软件博览会上，中软 AFC 自动售检票系统软件 V1.0 获得金奖。2009 年、2010 年，在成都和昆明举办的第六、七届城市轨道交通自动售检票系统技术应用研讨会暨 AFC 专业产品展示会中，中软 AFC 两次展示了自己的理念、品牌、AFC 系统及终端设备。各地地铁业主及业内同仁对中软 AFC 所展示的设备进行了细致的参观及试用并给予了高度评价（fig.3-1）。

依托中国软件强大的软件研发能力以及丰富的金融、铁路、政府系统行业等的系统集成经验，中软 AFC 在 AFC 软件系统研发方面有着天然的优势。近年来，随着在 AFC 领域的发展壮大，为在软件系统层面实现“自主可控”，更好地应对多项目并行，中软 AFC 将系统设备软件的操作系统由 Windows 系统更换为国产 Linux 系统，并以此为基础，不断实现软件系统的产品化，在软件应用平台螺旋式提升中，实现了质的飞跃。

fig.3-1 2009 年 6 月，在第十三届中国国际软件博览会上，中软 AFC 自动售检票系统软件 V1.0 获得金奖

更换操作系统，尝试平台迁移

2008 年年底至 2009 年，一种计算机蠕虫在全球互联网泛滥，短短几个月内就感染了数以千万计的计算机。

2009 年 5 月 19 日晚间，中国部分省区市发生了大面积网络异常，导致很多互联网用户的网络中断或业务受到影响，而此次事件的起因竟然只是网络游戏私服网站之间的争斗。

2009 年 7 月上旬，美国、韩国的主要政府部门网站遭受了有史以来最为严重的网络攻击，致使一些部门的网站完全瘫痪。事后，韩国政府宣布提前成立“网络司令部”，以加强本国的网络安全保障能力。

网络安全牵一发动全身，已成为信息时代国家安全的战略基石。轨道交通与人民群众的出行密切相关，是国家和城市的基础建设行业，它的稳定运行关系到国计民生，于是国家提出了“自主可控”的要求。

操作系统作为计算机系统的核心，是实现国家“自主可控”要求的重中之重。由于 Windows 操作系统在界面处理和呈现上更易于操作，早期中软 AFC 以及其他集成商设计生产的 AFC 设备均采用了 Windows 操作系统。但该系统存在一定的安全隐患，对病毒传播的防范不足，北京各条线路的设备也出现过不同程度被病毒侵扰的现象，曾导致系统大面积瘫痪，对整个地铁 AFC 系统的运营造成恶劣影响。

与 Windows 系统不同，Linux 系统是开源系统，中国软件旗下的中标麒麟已经对 Linux 系统做了大量的国产化工作，有了较为成熟的产品。为提升系统安全性，提升国产化、实现 AFC 系统自主可控，杜潜提出，在后续项目中，将所有自动设备操作系统全部更换为 Linux 系统。

更换操作系统，不仅要直接面对新系统架构设计、开发的问题，在技术路线、知识储备等方面同样需要变革。软件研发团队要面对旧项目软件系统维护和多个新项目并行开发的压力，可谓“在高速公路上一边开车一边换轮胎”，一旦发生问题，会全面影响公司的整体运营，影响项目的交付。

更换操作系统的设想提出后，中软 AFC 管理、研发团队就此展开了多次讨论。起初，反对的声音比比皆是，但在最后一次讨论中，时任软件研发部经理的王浩表了态：“更换操作系统，是公司级别的战略性决策，一旦执行成功，将在行业内树立软件系统国产化、高安全性、自主可控的新标杆，这是一个机遇，也是一个重大的挑战。从另一角度来看，更换操作系统可以通过软件重构来完成软件研发团队系统架构的完善和统一，也可以激发团队的学习及协作精神、完成团队人员的重组。”这一观点得到了所有参会人员的认可。会议结束后，研发中心立刻行动，紧锣密鼓地进行 Linux 系统的学习、新系统架构的设计开发工作。

最初，研发中心计划把团队分成两组：一组保障现有系统的平稳运营，另一组尝试进行 Linux 系统的研究和技术开发。但再经过多次讨论，公司发现硬生生将团队分成两部分，可能两边都会发生问题：一部分负责在未来有很好发展前景的“朝阳”研发工作，但因是新投入，资源可能会有浪费、研发工作可能会有不足；另一部分负责注定将会被抛弃的“夕阳”系统的维护工作，研发人员工作的积极性会大大降低，可能会产生更多的问题。出于对员工未来发展的考虑，中软 AFC 最终决定所有人站在同一起跑线上，从零开始，一边进行旧系统的技术维护，一边进行新系统的技术开发。

平台迁移过程中遇到过重重困难。由于现有设备软件的设计思路都基于 Windows 平台，中软 AFC 的软件开发人员对于在 Linux 平台上的功能实现和业务流转比较生疏，甚至对 Linux 系统本身在底层应用、接口调用等各方面也不甚熟悉，八成的人员连基本的 Linux 命令都不会使用，剩下的两成也仅是简单使用过，基本没有任何 Linux 平台下的大型项目开发经验。

好在当时研发中心服务器组使用的 Unix 系统与 Linux 系统

一脉相承。为了做好 Linux 系统的开发工作，中软 AFC 果断决策调度服务器组的开发资源，还找到中国软件旗下专门从事操作系统的兄弟公司——中标软件进行系统定制合作，聘请外部专业的老师针对当时团队的实际情况精心准备定制化教程，进行封闭式、专业化、系统化培训，帮助大家更快地适应新的开发环境，并请他们协助中软 AFC 重建基于 Linux 的开发平台、进行技术方案的选择。

时任软件研发部副经理王洪峰带头深入研究 Linux 系统及其开发技术，在短短两个月时间内，系统地建立了开发框架、开发环境，他本人也从 Windows 系统开发专家转变成 Linux 系统开发专家。

在几乎零基础的条件下，终端设备软件 V2.0 平台终于诞生了。平台刚一问世，便在 2009 年至 2010 年经历了《北京市轨道交通 AFC 系统设计及实施导则》联调、小营测试中心封闭开发测试等考验，几经波折，最终顺利应用到中软 AFC 北京地区第二批项目——北京地铁房山线、北京地铁 9 号线、北京地铁 15 号线项目之中。

新系统、新平台通过初试

2009 年，北京市发布了 AFC 的地方标准《北京市轨道交通 AFC 系统设计及实施导则》，统一了 AFC 系统构成和功能、数据定义、传输与交换规定、接口时序、系统界面设计规定，使 AFC 系统设备成为相对标准化的产品。

《北京市轨道交通 AFC 系统设计及实施导则》是国内首部

较为完善的 AFC 行业准则，包括了中软 AFC 在内的多个集成商、读卡器厂商抽调研发精英积极参与编制。该导则覆盖面广，制订时间较短，部分业务过程仍存在不完善或不准确等问题，北京市轨道交通路网指挥中心组织各家集成商进行了导则符合性联调。中软 AFC 也派出资深技术人员，积极参加到导则符合性联调中。

更换操作系统后的第一仗就是一场硬仗。由于导则定义的接口、数据、界面与中软 AFC 原本的设计理念存在较大差异，再加上中软 AFC 刚刚迁移至 Linux 平台，系统、平台、业务均需要大量的重构、测试、验证，各设备尚未统一设计思路，调整起来非常困难，涉及的所有框架都需要调整。但为了在 AFC 领域有更好发展，让未来各线路更好兼容，也为了今后的新项目开发更规范和顺利，中软 AFC 迎难而上，投入大量的开发和测试人员配合北京市轨道交通路网指挥中心进行导则符合性联调，编写联调方案，逐一验证、实时调整。

与 V1.0 不同，V2.0 的 Linux 软件系统需要同时部署到中软 AFC 实施中的多条线路，研发团队除了要应对北京市轨道交通路网指挥中心的测试，还要兼顾现场版本的调试反馈。不同于 V1.0 时代 AGM 软件由日本信号负责交付，升级 V2.0 平台时，软件研发中心增加了 AGM 设备的软件开发工作。工作千头万绪、复杂度加深，研发人员熬通宵成了家常便饭。

2010 年 1 月，V2.0 平台的首版软件发布到北京小营测试中心，进行第一次摸底测试，测试的主要内容是当公交一卡通放到刷卡区后，从识别卡到读取卡中数据再到数据处理完成的时间，350 毫秒以内视为合格。测试结果出来后，中软 AFC 的速度在 1 秒左右，参与测试其他各家企业的测试结果接近，速度均与要求速度相差甚远。北京市轨道交通路网指挥中心要求集成商改进完善，三天后再进行一次测试。

当晚，中软 AFC 立即组织全面分析测试结果。刚开始大家议论纷纷，不理解为什么要大张旗鼓地因几百毫秒的误差做测试，于是赵东组织了一次客流测试，测试的研发人员一人拿一张票，依次刷卡通过设备。经测算发现，一分钟只通过了不到 30 人。这样的速度运用到地铁项目中，在乘车高峰期必然会造成极低的效率和极大的拥堵。研发人员开始面对现实，迅速着手进行分析，改善部分环节，再进行多轮测试，最终，在三天之后的测试中，中软 AFC 的速度在要求的标准之上又提高了 80%。

测试期间，中软 AFC 的测试人员驻扎在实验室，第一时间与实验室工作人员进行沟通，遇到问题及时响应，及时处理解决。中软 AFC 人不畏艰难、不走捷径、不甘人后、不惧压力的精神再次得到充分体现。由于时间紧迫，为保证各系统、设备满足各项标准、规范要求，并保证现场实施高效，中软 AFC 在实验室搭建了仿真模拟环境，对各个系统进行全面的联机测试、调试检验，保证现场调试效果，满足系统运行要求。

在实施现场，同样需要进行“AFC 系统设备 144 小时连续运行现场专项测试”“AFC 系统全设备全功能测试”“系设设备 10 万次可靠性测试”“AFC 系统车站单站模拟压力测试”“全路网走票测试（新线对既有线）”“全路网走票测试（既有线对新线）”等十多项测试。测试工作量大、任务重、要求严格。

在北京地铁 15 号线项目的测试工作中，项目部全体成员克服了安装调试环境差、站内空气污染严重、工作时间长，无周末休息等不利情况，顺利完成了设备通电单机调试、两轮站级联调、完成车站— MLC 网络联通测试，配合 MLC 顺利完成现场测试。

在北京地铁房山线的走票测试中，中软 AFC 更是发动了全员的力量，各部门积极参与，主动调配部门人员参与，克服了北京地铁房山线周边人口稀少、交通不便利、现场调试环境恶劣等困难。负责测试任务的人员以年轻人为主，他们几人一班，轮流工作，保障了工作的顺利进行。

最终，在经历了漫长、严苛的实验室测试、144 小时测试、全功能测试、各种级别的压力测试、模拟测试后，中软 AFC 承建的北京房山线、15 号线系统于 2010 年年底成功上线开通。这一成功，也标志着中软 AFC 新系统、新平台通过实际应用检测，取得了初步的成功。

全系列软件成功实现平台迁移

2008 年，中软 AFC 开始将自动设备向 Linux 平台转移。2012 年，Linux 开发平台已从初创日趋成熟、稳定，并成功应用到北京、天津、长春等多个项目实践之中。

BOM 业务具有一定的复杂性，存在繁多的人机界面交互，对界面美观及性能的要求更高。考虑到新项目交付的周期等多方面因素，在 2012 年以前开通的项目中，BOM 依然沿用 Windows 系统的独立架构，暂未进行开发平台的转换。在此期间服务端的代码也在既有平台上进行了持续的优化。

为了确保全终端系统运行的安全性，同时进一步实现终端技术管理的统一，增强资源调配、实现统一化的设计和开发人员的高度复用，BOM 必须从 Windows 向 Linux 平台进行迁移。

中软 AFC 决定，从哈尔滨市轨道交通 1 号线一、二期工程线路自动售检票系统工程项目起，把 BOM 系统从 Windows 系统切换成 Linux 系统。

中软 AFC 综合考虑了当时技术团队的人员结构、组成特点，最终决定采用“HTML+JS”的方式搭建 BOM 界面。但是 JS 技术架构的 BOM 应用实现起来非常困难，中软 AFC 抽调核心骨干进行专项开发，克服多重技术壁垒，最终成功实现了平台迁移。整个 AFC 系统也过渡到了 V3.0 版本。

实现平台统一的过程说起来简单，真正做起来却是一波三折。在哈尔滨项目研发推进的过程中，每次计划节点与实施节点都存在一定的偏差，每个计划节点都拿不出应该拿出的软件版本，研发过程非常不顺利。距离哈尔滨地铁 1 号线项目按原计划开通倒计时不到一个月时，BOM 界面卡顿、交互丢包等系统性问题仍然没有找到较好的解决方案，特别是操作员选择站点购票后，需要 5 ～ 10 秒才能显示出票价，达不到客户提出的毫秒级要求。

万般无奈下，中软 AFC 接受了客户要求，组建专门的现场开发调试团队，在哈尔滨地铁 1 号线项目现场做了三个月的封闭驻场开发，由经验丰富、技术能力超强的项目负责人李美贵和项目总工王剑飞带队。刚好哈尔滨地铁 1 号线项目因故开通时间延迟了近半年，为中软 AFC 争取到了时间。

从春节后到清明节前，李美贵带着团队来到哈尔滨，每天都扎在项目上，周周都是 997。当时李美贵的孩子刚刚出生，初为人父的他对整个 V3.0 的开发也抱着一种“为人父”的强烈的责任心。为了能使项目顺利完成，备用金花完了，李美贵就自己垫钱维持；自己的工资花完了，就跟爱人借，终于把事情“扛”了下来。在驻场团队全体成员的共同努力下，中软 AFC 在哈尔滨地铁 1 号线项目各个关键节点的推进上交出了令人满意的答卷。

哈尔滨地铁 1 号线项目终于开通运营，但由于新版系统上线经验不足，对新款纸币模块异常的处理很不完善，加之哈尔滨地铁 1 号线是哈尔滨市的第一条地铁线路，市民感到非常新鲜，很多人单纯是为了体验来到现场参观，出现了不少非正常方式的设备操作、观摩，影响到地铁的正常运营。

为了尽快处理好开通现场出现的异常，王剑飞亲自上阵，对原有代码进行全面的梳理。他带着测试人员，每天熬到凌晨四五点钟，完成一个版本发给运维去现场验证后再去休息。运维小范围进行升级，查看记录异常。测试人员休息后再根据各种反馈，迅速进行改进。十几个通宵后，终于把整个局面稳定下来了（fig.3-2）。

从 V3.0 开始，中软 AFC 的所有设备均转型至 Linux 平台开

fig.3-2 中软 AFC 为哈尔滨地铁提供的 TVM 设备

发，相应的开发体系也由最初的四个合并到为终端设备开发体系、工作站开发体系和服务器开发体系三大开发体系。读卡器、发行单元等通用模块、通用业务、通讯进程等设备间实现了公共业务代码的复用及统一管理。在 V3.0 平台下，逐步通过部件模块接口定义方式，将项目化、差异化的内容与通用类内容进行区分，渐渐形成了平台设计的原始积累。

进入 V3.0 时代后，各终端设备的核心业务、开发平台实现了真正意义上的统一。

率先度过 Windows 停服危机

事实证明，全面转移到 Linux 平台，是一个正确的决策。

2013 年底，微软中国宣布对 Windows XP 的技术支持将在 2014 年 4 月 8 日结束。2014 年 5 月 16 日，中央国家机关政府采购中心发出一则重要通知，明确要求“所有计算机类产品不允许安装 Win8 操作系统”。当时大规模的地铁建设正在进行，消息传来，各地地铁业主乃至政府部门高度重视，纷纷要求软件集成商、开发商提供后 XP 时代的系统及软件维护、升级解决方案。

在微软中国宣布对 Windows XP 停止支持服务后的第二天，北京市地铁运营有限公司召集所有 AFC 集成商开会，传达了北京市政府对这件事高度重视的精神，对各集成商针对微软中国宣布对 Windows XP 停止支持服务后的应对策略进行了询问。当时很多集成商都做了支持服务的保证，但业主还是非常忐忑。而早已把操作系统国产化的研发工作做在了前面的中软 AFC，在会议上就显得更有底气。

实现软件系统产品化

回到20世纪80年代末，城市轨道交通AFC系统概念在中国还是一片空白，各地的地铁建设管理单位和运营单位需要以相当的篇幅对人工收费和自动收费的利弊作分析，以说明自动收费的重要性。那时对AFC系统的功能设置是以学习国外成功的系统经验为主，其间香港地铁给予了内地同行许多帮助，将他们宝贵的建设和运营经验传授给内地；同时国际著名的AFC专业厂家，如美国的寇比克、法国的CGA（后来被泰雷兹收购）和日本信号等，通过产品和系统的推介，把AFC系统许多优秀的技术特性推荐给了国内地铁公司，这些都为广州地铁和上海地铁的AFC系统在建设之初就拥有严谨和基本完善的系统框架奠定了基础。

1988年，上海地铁凭借在国外收集的资料，艰难地开始了AFC系统和设备的试制，并在上海地铁1号线的徐家汇等车站成功试用，结束了人工售检票服务的时代，我国AFC系统之路正式开启。而后，随着2000年前后国内第一轮城市轨道交通建设高潮的到来，北京、上海、广州、大连、天津、深圳、武汉、重庆和南京等城市轨道交通项目陆续上马。在这一轮建设大潮中，AFC系统不再是“豪华配置”，而成为了“标配”。

国内AFC系统潜在需求市场的不断扩大，吸引了一大批国内的高新科技企业。而在最早迈入AFC时代的上海，已经汇集了一批AFC行业的精英人才。在这一阶段加入AFC行业的国内企业，一方面纷纷从上海引入技术人才，另一方面积极与国外厂家合作，引进消化国外先进技术，因而他们研发的软件架构在思路设计理念、架构模式等方面都具有相似性。

与其他同行企业不同的是，中软 AFC 的软件架构，更多是在向日本信号学习的基础上，借助自己在证券行业的经验，独立自主研发而来的。中软 AFC 走上了一条与其他企业不同的、有中软特色的 AFC 系统研发道路。

在北京地铁 13 号线升级改造项目和首都机场线项目中，中软 AFC 的软件架构靠着摸石头过河，一点一点“攒”了出来，有一定的独特性。软件研发人员大多是做证券软件研发出身，对 AFC 技术、业务的了解还不是很深入，但即便还存在一些问题，中软 AFC 还是保障了前期中标线路的开通。

在 V1.0、V2.0、V3.0 时代，中软 AFC 的项目数量并没有对 AFC 系统的研发构成挑战，给予了软件研发中心相对充足的时间来进行系统的沉淀、研发升级。考虑到中软 AFC 的市场将会不断扩大、项目数量不断增多，对于软件研发适应项目并行的要求也在相应提高。随着技术的发展和对客户应用理解的深入，产品化正在成为产业成熟的决定性标志，也是市场成熟即将进入快速增长的最重要的风向标。2010 年年底，中软 AFC 启动了产品化设计。

在对“如何能使项目化的工作与产品化的工作有清晰界限，如何让项目化的过程能顺利推进”等问题进行了深入思考后，从 V3.0 开始，中软 AFC 软件研发中心引入产品化的理念和思路，一路经过 V4.0、V4.1、V4.2，持续优化提升至今。

在 V3.0 平台设计完成并初见成效后，软件研发团队又进一步在主体业务流程层面进行了深化梳理，形成了更为全面的平台体系——V4.0 平台。V4.0 平台的设计目标主要围绕 AFC 核心业务的整体梳理。V4.0 体系下的“终端 V4.0”的研发与 V3.0

体系下的“终端 V3.0”的优化不同。“终端 V3.0”是在 V2.0 的基础上，对系统进行的局部优化、业务梳理，而“终端 V4.0”则是以产品与项目的边界为考虑重心，同时借鉴 V3.0 的既有业务积累，沿用原数据存取机制、通讯进程的逻辑，以及对象配置化管理的设计理念，对面向乘客的核心业务从最基础的进程间通讯机制做起，进行了重构。这是从根基处开始的调整。由于牵涉面较广，这一次产品化设计的周期特别长。

2013 年 7 月，V4.0 体系下的“终端 V4.0”研发开始筹划并启动。这时，以 V3.0 版本为基础的哈尔滨地铁 1 号线、北京地铁 14 号线等项目正如火如荼地进行现场实施。由于大部分研发资源都被投入在建项目中，前期产品化的工作推进并不顺利，磕磕绊绊地进行了一年。2014 年，大连地铁 1 号线开通时，仅有局部模块按照产品化初期版本的思路得以应用。直到 2014 年底，还没有成型的产品化平台可供项目化开发。

几乎所有人都意识到，这种状态不能再持续下去了。2014 年下半年至 2015 年年初，广州、南宁、长沙等地的项目陆续中标，项目终端平台的抉择迫在眉睫。杜潜开始与软件研发团队讨论，是否将新的终端平台应用于新的项目中，内部意见产生了很大分歧。在对中标项目的开通周期做了初步评估后，中软 AFC 最终选择了启用新的平台来应对新项目的交付。

第一个启用新平台的项目是广州地铁 4 号线南延段项目。2015 年春节后，中软 AFC 加紧部署产品化平台封闭研发的计划，按照广州地铁 4 号线南延段年底开通的总体计划倒推，初步计划在 2015 年 5 月 1 日前，完成第一阶段平台搭建，后续再逐步扩展业务功能。屋漏偏逢连阴雨，不同于以往北方地铁项目在地铁开通时才验证软件，广州地铁业主方要求提前半年在真实车站、真正面向乘客使用进行软件下站测试，将中软 AFC 终端研发团队打了个措手不及。

时间很快就到了 2015 年 5 月，留给终端研发团队的时间已经不多了。为了应付 6 月的下站测试，在平台尚未搭建完成的情况下，5 月初，终端研发团队稍作调整，抽调了一批极富经验的总工、开发、测试资源，大队人马浩浩荡荡奔赴广州进行封闭研发。杜潜来到现场确保项目的推进。

五六月的广州，天气又闷又热。项目节点目标极其紧张，现场条件极其艰苦，研发人员只能熬夜突击。平台初建，大部分资源还处于模块化参与的程度，几乎没有人熟悉整个业务流程，对业务整体性也没有全面理解，纵使有通天的本领，也无计可施。只能伴随着问题的暴露和时间的推移来不断完善。2015 年 6 月的下站测试暴露出很多问题，研发团队疲于应对，引起了业主的不满。这种混乱的状态一直持续到 2015 年 9 月，总算勉强应付了项目节点。

在此期间，“BOM 软件与产品化模块对接”的工作也在同步推进。“终端 V4.0”软件系统架构在设计之初并未考虑 BOM。但从 V3.0 开始，整个终端已经按照统一设计、模块复用、通用业务复用的模式在组织开发产品，平台的升级不可能缺失 BOM。李小明接过了 BOM 软件架构与“终端 V4.0”平台对接的重任，在既有 BOM 软件架构的基础上，开始了“产品化模块对接”的研发。再加上 BOM 的界面需要按照广州项目化开发，业务逻辑也需要重新梳理，通讯进程等模块还需要统一设计，难度可想而知。据当时深度参与广州地铁 4 号线项目的工作人员回忆，仅读卡器模块接入产品化平台这一项工作，就耗费了李小明一个多月的时间。

2015 年 7 月起，南宁、长沙等地的项目也陆续开工，与广州地铁 4 号线项目交织在一起。2015 年整整一年，软件研发团队都在异常的忙碌、困惑、痛苦煎熬中度过。正在焦头烂额之际遇，2015 年年底，广州地铁方面传来消息，庆盛站因故推迟开通。终端研发团队终于得到喘息的机会。

广州地铁 4 号线项目的“终端 V4.0”是中软 AFC 软件研发团队在 V4.0 平台下研发的第一个版本，存在很多的缺陷和不足，每年都需要投入较多的资源进行维护、完善，直到 2016 年年底，随着 V4.0 平台的逐步稳定和成熟，通过对广州地铁 4 号线项目车站、设备系统的升级，广州地铁 4 号线项目的系统运行才进入了一个平稳的时期。

同样受到影响的项目还有 2016 年 6 月开通的南宁轨道交通 1 号线项目、2016 年 5 月开通的长沙磁浮项目、2016 年 6 月开通的长沙地铁 1 号线项目。

南宁轨道交通 1 号线项目对于南宁技术实施小组来说，是最具有挑战性、最有压力的项目。2016 年 2 月底，南宁技术小组人员陆续进驻第一现场，开始长达 4 个多月的开发调试、现场实施工作。

南宁轨道交通 1 号线项目是在广州地铁 4 号线项目的基础上进行开发的，整体系统功能并不完善。南宁技术小组面临着双重压力，一方面来自外部，现场面临各种验收，业主对中软 AFC 整体系统功能以及项目进度并不满意；另一方面来自内部，负责“终端 V4.0”研发团队的组成人员都是中软 AFC 软件研发的新手，经验不足，再加上长沙磁浮项目与南宁轨道交通 1 号线项目节点要求一致，设备、开发资源严重不足。

负责南宁轨道交通 1 号线设备软件系统研发的龙金贵是软件研发团队新生力量的代表，他一人担负 TVM、AGM 等多个设备整体功能的研发工作，这在中软 AFC 的其他项目中，也是鲜有的。在那段时间里，已经成为中软 AFC 技术部负责人的李美贵，穿梭在长沙和南宁之间，指导解决技术难题。加班熬夜，通宵达旦已经成了他的家常便饭，双眼里更是经常布满了血丝。

最终，软件研发团队攻克了一个个技术难题，经过 4 个多月的艰苦奋战，南宁项目于 2016 年 6 月 28 日成功上线。团队成员经过项目的锤炼，也都能够在各自的领域中独当一面，成为后续各项目研发工作的中坚力量。

在广州、南宁、长沙项目的磨练下，"终端 V4.0"平台日趋稳定，为终端自动设备提供了可持续发展、快速交付、快速扩张的能力。在没有"终端 V4.0"前，由于项目边界等方面不清晰，对技术人员的业务和编码能力要求较高，实施一个 AFC 项目，每个专业组几乎都需要全员参与；多个项目加起来，需要投入十几个研发人员，并且要求所有人员都较全面理解全系统的代码结构；对于最为复杂的 TVM 软件，则更是牵一发而动全身。"终端 V4.0"平台完成后，由于核心业务均由产品化平台进行了统一的处理，一个完整的 AFC 项目只需要前期几个资深资源阶段性地集中处理即可基本成型，后期可以交给团队梯队资源。

产品化的设计理念有效确保了核心骨干可以集中精力办大事，既确保了技术的把控、设计的统一，也为多项目并行化开发创造了条件。

产品化支撑多项目实施

2015—2017 年，中软 AFC 在全国乃至世界范围内的项目增长量可谓突飞猛进。为了快速消化这些增长的项目，软件研发团队尝试在进一步稳定、丰富平台的基础上，形成一套快速项目化实施、交付的技术手段，在兼顾地方标准的同时，沉淀出中软自己的技术标准，将项目间的差异清晰化、最小化，以减轻现场项目实施的压力，提高公司运作效率。

正是在此背景下，V4.1 平台孕育而生，并借此形成了中软 AFC 自己的接口规范、内部实现标准。同时，由于产品化平台的不断完善、丰富、成熟，交付前所需的测试周期和交付后的维护周期均极大缩短，因此创造了中软 AFC 在 2016 年一年内开通近十条不同城市线路的奇迹。郑州地铁 1 号线项目就是在这一时段完成交付的。

郑州地铁 1 号线项目是中软 AFC 在 V4.1 平台开发的第一个项目。在郑州地铁 1 号线项目中，V4.1 平台不再是为了功能实现而实现，而是站在用户的角度去考虑业主的需要是什么，整体系统更多关注用户操作的易用性，尤其是终端设备，既要面向乘客，又要面向运营人员，对界面布局的合理性以及操作的易用性要求甚高。

由于现场运营人员大部分来自其他线路，有先入为主的因素，在临近开通前半个月，突然提出希望 TVM 乘客界面改版的新要求，并要求在开通时直接使用。当时主要负责郑州地铁 1 号线 TVM 设备软件系统研发的技术人员由于个人原因离开公司，终端研发小将冯志超还处于整体系统熟悉过渡期，他临危受命，扛起了系统研发的大旗，公司也通过调度其他项目资源进行横向支持。最终，当软件版本部署到现场的样板站，看到整体效果的运营人员露出满意的笑容。

2016 年是中软 AFC 极不平凡的一年，也是技术人员最忙碌的一年、最辛苦的一年、最有压力的一年。回忆起最紧张的阶段自己的工作状态，技术部的骨干们拿出一首打油诗作为纪念：

东奔西走，出风入雨，征程不避寒暑；
南来北往，披星戴月，忙碌孰知春秋。
喜怒哀乐，变化莫测，各地各色情怀；
酸甜苦辣，辗转腾挪，一方一种传奇。
光阴似箭，日月如梭，辛劳各个日夜；
时光荏苒，白驹过隙，硕果累累三年。

对技术的探索永无止境。本着“稳定一代、研发一代、预研一代”的整体原则，V4.2 平台已在快速迭代的路上越走越远，并在 2019 年 4 月开通的福州地铁 2 号线项目中顺利得到实践，随后推广到后续项目之中（fig.3-3）。

这次华丽的转身，成功地实现了项目化代码全系统的统一管理，有效地实现了服务器与终端设备代码的真实复用、团队的真实融合，摸索出了一条既能满足地方标准，又能发挥中软 AFC 长期积累优势的项目化应对技术手段；并且一改原来同样一套业务，服务器与设备需要在各自架构下，分别设计、分别编码实现的烦恼，可从设备、服务器部门抽调骨干力量，成立虚拟专业化团队（MS 研发小组）进行专门的项目化定制工作，

fig.3-3 对技术的探索永无止境

对于团队资源的跨平台复用、项目化代码的高度统一管理、项目化交付的高效调度、现场实施资源的节约都有极大的提高。

在从 V1.0 至 V4.2 版本进化的过程中，有很多可歌可泣的幕后英雄。几乎每个参与软件系统研发的技术人员背后，都有讲不完的感人故事。他们之中，有专门负责架构设计和业务梳理的，也有专门负责界面设计、读卡器开发、系统定制的，还有专门进行内部版本把控、配置管理乃至现场对接的，他们的默默付出和辛勤奉献，成为奠定中软 AFC 软件应用平台螺旋式提升、软件研发团队稳健成长的基石（fig.3-4）。

硬件技术体系的建立

虽然在与日本信号的合作中，中软 AFC 已经开始在硬件设备的研发方面进行摸索，但是由于基础薄弱、经验不足，并没有真正迈进硬件研发的门槛。

fig.3-4 中软 *AFC* 的技术人员用辛勤创造奇迹，用汗水书写青春

最初研发 TVM 时，中软 AFC 曾与国内一家厂商合作，实现了轨道交通售检票设备国产化的第一步。但不久之后，由于知识产权纠纷，中软 AFC 终止了与该厂商的合作，走上了独立研发配合委托加工的硬件制造之路。

通过不断吸引技术人才，中软 AFC 聚拢了不少优秀的硬件工程师，并将硬件设计按专业划分为机械设计、电气设计、嵌入式程序设计和线缆设计等子专业，各专业不断磨合与配合，经过技术引进及自主创新，形成了丰富的硬件设备产品体系。

招兵买马，组建团队

为使硬件研发工作顺利进行，中软 AFC 开始招兵买马，吸纳了许多有经验的技术人才，如电气设计方面的资深人士陶松，迅速搭建设备研发队伍。

组建团队并不轻松。中软 AFC 是一家以软件起家的企业，现在组建一支硬件研发队伍，他们的工作内容是其他技术人员从未涉及也不了解的，该如何界定他们的技术水平？新来的硬件工程师能否与现有的软件技术人员和睦相处，彻底融入中软 AFC 的技术大家庭？队伍召集起来，又该以何种角度切入研发工作？如何管理，如何设计团队的技术走向和研发路径？

无论如何，中软 AFC 的硬件研发团队还是搭建起来了。团队以王晓军、陶松等人为核心，经过对行业需求的反复分析，结合当时的项目经验和实际设计能力，提出了“整机 + 模块”双线并行研发的设计思路。一方面从整机电气布局入手，从与日本信号在首都机场线、北京地铁 13 号线升级改造的项目合作中汲取技术营养，发展自己的整机电气架构与设计能力；另一方面从业务模块入手，逐步研发国产化的具有自主知识产权的产品。

这一思路的优点是，使中软 AFC 的硬件研发水平能够实现技术架构完整、产品类型完善，并在硬件产品上覆盖整机终端设备与模块，软件业务覆盖上位机终端软件与下位机工控嵌入式，形成 AFC 领域除去运营清算中心外的全面技术能力支持，基本囊括了 AFC 五层技术架构中除去 ACC 以外的全部内容。

确定目标后，在陶松对整体技术环节的把控下，中软 AFC 建立了设备硬件的结构和电气设计技术体系；完成了第一代中软 AFC 终端的设计工作，为整机电气布局打下了基础；完成了第一代硬币单元的设计工作，标志着中软 AFC 的技术能力从集成商向综合集成制造商的跨越。

在团队形成的过程中，一些年轻人开始崭露头角，李棋瑞与韩建军成为其中脱颖而出的技术骨干。他们都是刚毕业就来到中软 AFC，作为技术新手加入硬件研发团队的。硬件研发工作是一个复杂、乏味甚至冗长的过程，在这个过程中，要经历无数次的失败与挫折，有些人放弃了，有些人退缩了，而坚持下来的人则会百炼成钢。

李棋瑞曾无数次将自己第一次绘制的电路板描述为“比狗啃的都难看”，但在他的一路努力下，2018 年由他带领的技术团队在轨道交通核心部件的多项知识产权专利相继获得了省部级科技进步奖和中国信息产业商会的科技金奖等多个科研奖项。韩建军则是从门外汉开始，师从多位技术专家，从一个敏而好学的学徒到后来在整机电气设计里独当一面，成为行业内小有名气的技术专家。近十年间，又陆续带出了很多出色的技术能手，现如今他的徒弟们也在各自的专业领域里开始独当一面。

李棋瑞和韩建军的成长代表着中软 AFC 硬件研发团队开始走向成熟。在他们的带领下，一批批“后来者”正在创造着中软 AFC 的未来。

这就是中软 AFC 的传承，是工匠精神的延续。

打造生产基地

衡量一个硬件研发团队能力的重要标准、检验产品品质的重要环节，是设计成果的转化。各专业的成果转化都必须经历从实验室样机原型到产品定型、产品中试、批量生产和品质控制的工作流程，AFC 终端设备也不例外。

在初代产品完成设计之后，中软 AFC 选择了当时北京电控集团旗下的一家企业进行样机制造，但其产能有限，无法满足轨道交通行业飞速发展的状况，为此，寻找具有较大产能和设备摆放空间，可完成钣金和机加、电装、调试、中试老化等工艺环节的生产加工基地，变得尤为重要。

经过多次考察和交流，中软 AFC 又与北京维冠机电股份有限公司（以下简称“维冠”）开展了合作。维冠作为一家集生产加工与组装调试于一体的企业，具有完全满足项目交付能力的产能和生产调试场地，可以支持几百台设备进行单机压力测试，同时，它也是先进的原始设备制造厂商，与诺基亚、西门子、通用、西屋等多家外资企业进行过委托加工协作，有良好的图纸消化基础。

与维冠的合作是从一开始的技术交流，逐步向样机试制、技术评审、样机改造、再次技术评审的形式逐步推进的。与其他委托加工企业不同，维冠的管理层敏锐地察觉到轨道交通市场的快速增长，合作态度非常积极，甚至为保证达到图纸的公差要求，主动引进了价格不菲的加工机床。

中软 AFC 的结构设计与电气设计人员在图纸转化和电气工艺等方面对维冠的工人进行了技术辅导和经验传授，经过一轮又一轮的样机磨合，维冠逐步具备了完整的加工制造工艺流程，发展成为北方最大的 AFC 设备制造加工基地。

伴随着中软 AFC 业务的发展，维冠也在 2017 年完成了 IPO 主板上市计划，维冠和中软 AFC 成为了相互成就共同成长的战略合作伙伴。在中软 AFC 因多项目连续中标导致交付压力剧增之时，维冠主动加大生产资源的投入，协助中软 AFC 完成了一次次设备供货的任务。

此外，2005 年，中国软件在昌平基地设立了 AFC 设备组装和调试工厂，在北京地铁 13 号线 AFC 项目中发挥了重要作用。走自主创新的道路，足够的资金支持是首要保障，中软 AFC 于 2009 年年初，投入大量资金将原有的昌平基地 AFC 生产厂房扩建到 6000m²，使其成为目前国内最大的 AFC 研发生产基地（fig.3-5）。

fig.3-5 中软 AFC 的设备生产车间

中软 AFC 还在上海、广州等地设立了分支机构，以提供更好的服务。在产品研发方面，中软 AFC 与北京交通大学轨道交通重点实验室合作，设立专项进行 AFC 核心部件的研发；在 AFC 设备的生产制造方面，中软 AFC 与京津地区多家电子加工、机械加工企业合作，打造具备中国特色的 AFC 专业设备，逐步形成了国产化的 AFC 设备制造产业链。

优化研发流程

随着轨道交通建设的飞速发展，中软 AFC 的项目越来越多，从以往的一年实施一条线路，变成一年实施两条线路、多条线路，最繁忙的一年，技术团队（软件、硬件、工程中心）支撑了八条线路。在多项目并行运作的过程中，技术规范化、标准统一化显得尤为重要。

轨道交通设备项目具有一定特色，不同地区线路的用户需求存在差异化，这种差异化一方面体现在地域上，另一方面体现在同一个城市的不同线路中。同一城市的轨道交通项目可能涉及不同的运营业主，如北京地铁，就有北京京港地铁有限公司和北京市地铁运营有限公司两个运营方，运营机制的不同导致他们对设备的要求也存在一定的差异化。而像武汉、天津等城市，多条地铁线由不同的系统集成商供货，设备差异化更为明显。线路与线路之间则随着运营业主对 AFC 认识的加深，也会提出更深层次的需求。因此，中软 AFC 从规范管理出发，不断优化研发流程。

在设计层面，实现产品需求是一方面，统一设计规范又是另一个维度。一个需求的实现，其技术路径和实现手段可以有很多种，如何有效管理、统筹，是研发管理的重要组成部分。设计规范一方面要作为技术交底提供给运营业主，另一方面也涉及设备全生命周期的管理和规范化。因此，技术设计的标准化和规范化，是面向系统集成的光机电一体化设备的重要管理环节。

为了达到规范技术设计体系的目的，中软 AFC 先后引进了专业的管理标准和管理人才，成立了质量管理部，引入 ISO9000 作为流程管理的基石，以三级文件体系配合信息化管理手段，利用 VSS、BUGFREE 等软件建立了知识库、代码库管理体系，将开发模块化、分包化。

在结构设计方面，硬件研发团队统一制图象限规范和三维绘图分层规范、制图标注规范、制表规范、模型统一建模规范、标准件建模库，规定了不同的装配顺序与工艺文件的编制规范。

在电气设计方面，硬件研发团队分批次参加了由前华为员工建立的华成产品培训，并引入了青铜器 RDM 作为研发管理手段，将研发流程转向产品化运作，以需求分析为设计发起点，通过需求分析确认研发功能分项，进而进行印制电路板板卡原理设计。此外，还通过公司力量成立了专门的测试部门来进行功能验证、可靠性验证等测试用例的执行。

在样机验证层面，中软 AFC 要求经过质管部、测试部、研发部及项目责任人的多方集合评审确认后，方可最终定型，按照专业规范化管理仿真，对定型的技术文件进行归档工作。

对于 PCB 的设计与制造，电气研发团队对制版厂家进行了严格的质量筛选与板图技术沟通，经过多年的迭代和翻新设计，将板载接插件品牌化，在相同标准的情况下备选多个品牌进行补充，形成了以国际知名品牌为基础的芯片级元器件的规范管理，使得每一款电路板均在设计上有追溯并拥有统一的制板编号和 geb 文件管理库。

自 2012 年起，中软 AFC 项目建设能力呈现蓬勃发展的态势。通过各项目实施过程中的经验累积、项目管理的不断学习和持续改进，中软 AFC 拥有了运行维修率较低的高品质终端设备，高于国内标准的生产质量标准，符合 ISO9000 的供应商管理与采购流程，完善的项目工程团队和部门间协调管理机制，以及完善的售后服务保障体系，可长期、低成本服务于 AFC 系统。

2013 年，在“轨道交通自动售检票系统终端设备核心部件系列化产品研发”中，中软 AFC 荣获北京市科学技术奖三等奖。

成功研发多款整机设备

研发中心成立初期，硬件研发团队在已有的 TVM、BOM、EQM 等基础上，根据不同项目需求以及内部模块结构设计，研发了多款新产品，使设备内部各模块布局更合理，在易用性、维修维护便捷性等方面进行了调整。EQM 即自助查询机，其基本功能就是配合触摸屏的信息查询，因此较为简单，与银行的 AQM 功能类似，因此在硬件设计与外观造型上，均沿用了银行排队机的外观造型与设计。

早期的国产 AFC 设备脱胎于金融自助服务机，但随着彼此不同的业务功能和需求的变化，轨道交通售检票设备与金融通讯自助服务设备之间的差异越来越大，开始向不同的分支发展。AFC 是一个较为专业的系统，由于常常需要面对大客流的冲击，对设备可靠性和产品质量都有很高的要求，只有从元件到整机形成完整的产业链和产业规模，才能从根本上保证国产设备与国外产品在可靠性竞争上取得优胜，让用户放心。

研发 TVM 设备，从一个概念到形成一台样机，再到批量生产并应用到轨道交通线路上，是一个艰辛的过程。中软 AFC 是一个以软件起家的公司，AFC 设备的研制标志着公司从单纯的软件开发向系统集成的跨越。

众所周知，AFC 类设备实际上是隶属于自助服务设备的一个业务子领域，我国第一台自助设备是工商银行在 1986 年于深圳、珠海等地试运行的自动柜员机，即 ATM。ATM 诞生于国外，在本土化生产时，也是由一帮软件人员在借鉴国外设备的基础上，通过体系化的需求分析而实现的。据中国 ATM 标准的定制者、制造第一台本土化 ATM 的老工程师介绍，当时他们并不了解 ATM 的硬件构成，于是从需求分析入手，将 ATM 以交易模式的方式进行功能划分，然后逆向推导出应该具备的硬件配置。这种方法，在我国后来的光机电一体化设备，尤其是自助设备的发展中应用较为普遍。

中软 AFC 的 TVM 也借鉴了这种方法。一方面通过考察国外设备，了解各个功能的硬件基础；另一方面从数据交互和交易模式入手，先支撑起完整的业务流程和业务模式，再根据需求完善业务所需要的硬件基础。TVM 是自助服务设备中集成度最高、功能类型最多的复杂设备，相比金融机具，TVM 不但要提供金融交易（购票、货币收取、货币检验、货币找零），还要提供票据交易(打印票据、票据授权赋值、校验与废票回收等)，因此其功能部件多，整机结构复杂。

中软 AFC 首台 TVM 设备的设计，联合了当时国内较有名气的 ATM 厂商，借助其硬件生产线进行样机的功能部件搭建过程，将 TVM 划分为主控部分与功能部件，统一由主控部分驱动各部件，完成业务功能（fig.3-6）。

在成功研发 TVM 设备后，中软 AFC 又把攻关的方向投向了 AGM 设备。AGM 是一种集高精度机械结构与先进的微电子控制技术于一体的人流通道的出入口智能控制终端设备，在地铁应用中即自动检票设备，是城市轨道交通 AFC 系统中的关键设备之一，各个车站的进出口均有安装。

从北京地铁 15 号线项目开始，中软 AFC 做了自己的第一台拍打门 AGM。由于日本信号是拍打门 AGM 领域的“老大哥”，中软 AFC 的设备研发团队从钻研日本信号样机的规格书开始，靠着自己的研究理解，先画出图纸，再消化理解图纸。AGM 虽

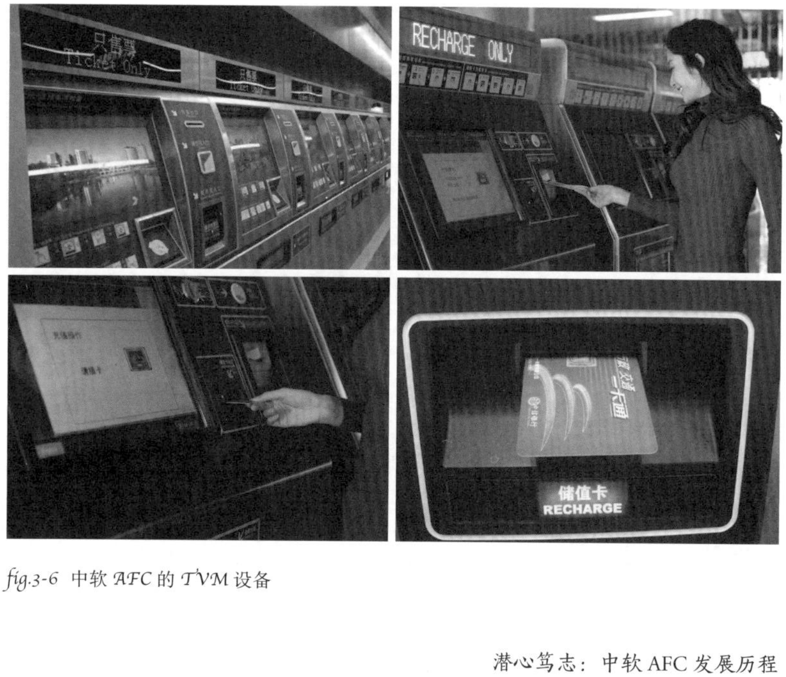

fig.3-6 中软 AFC 的 TVM 设备

然整体布局相对简单，但是机型繁多，由于不同项目的不同闸门要求，对于宽度的要求也不同，还需考虑大客流冲撞等因素。中软 AFC 的 AGM 要求稳固、结实且同时可以沿用主体设计。为提升效率，中软 AFC 选用了框架式结构加蒙皮式设计，即骨架加外壳设计。这样各个部件安装固定在骨架上，外观可以随意改变，设备整体稳固，且主体保持高度的可沿用性，而外观又保持多样性。

中软 AFC 针对外观设计进行了多种尝试，如维修门的闭合方式，尝试了侧开、推拉、翻盖；外形设计尝试了直角形、扇形等，在外观、功能满足业主要求的同时，绞尽脑汁地方便乘客及业主的日常使用，易于业主的日常维修、维护。最终，中软 AFC 凭着其他设备的设计生产经验和“脑洞大开”的创新精神，成功开发了剪式门和拍打门两种 AGM 系列产品，并成功应用到了对应的项目中。在北京地铁 9 号线、房山线、15 号线项目中，中软 AFC 全部使用自己的 AGM，其中，9 号线和房山线使用了剪式门 AGM，15 号线使用了拍打门 AGM。

特别值得一提的是，北京 15 号线的 AGM 由于紧凑、小巧、稳定性高、使用效果好，成为经典机型，记载到了北京地铁的各种宣传资料中，并得到业内一致的认可与好评。圆弧状的外形设计非常漂亮，出现在很多北京宣传片的镜头里（fig.3-7）。

此后，在天津地铁 3 号线项目中，中软 AFC 的 AMG 设备研发又上了一个新台阶，开始了整机硬件构建。固件、板卡更加优化，该集中的集中、该分散的分散，整体逻辑性更强了。

fig.3-7 中软 AFC 的 AGM 设备

产品设计符合项目需求

每一个城市都有自身的气候特征，在满足其轨道交通基本功能的同时，必须为每一个城市做出相应的定制化设计。

2011 年中标的哈尔滨地铁 1 号线，是我国首个高寒城市在建的地铁线。哈尔滨地铁业主方对设备内加热模块的关注度和质疑度非常高。韩建军作为该项目的电气主设计工程师，从 2011 年 7 月开始，通过查找资料、购买样品、选型测试，前后用了 3 个月，确定了加热模块设计方案。首次选用了 PTC 波纹铝组件作为电热器具，采取轴流风扇对 PTC 波纹铝进行热气流传导，同时采取双金属温度控制器作为温控保护器具。设计了独立的单片机控制板外接 DS18B20 数字温度传感器，对设备内关键点的温度进行采集，同时采用 PID 算法对设备内两个加热模块进行工作控制，然后通过 RS232 协议与上位机通讯。在满足了 4 层安全保护的前提下，实现了智能化加热及远程监控。这套方案首创了多个关键技术的应用，其中 PTC 波纹铝加热方案如今已经成为行业内的标准应用。

2011 年 11 月，北京才刚刚入秋，哈尔滨却已经进入冬季。加热设计方案刚确定，业主就要求将设备搬到哈尔滨去测试，并且需要将加热测试工作延续到一年中最冷的时候。当时 TVM 和 AGM 样机均仅有 1 台，首先要满足软件研发的需求，如果设备离开北京，软件调试工作将无法进行，每台设备内的两个加热模块及两个温度传感器的最佳安装位置还都需要试验验证，因此，继续在北京做测试是当时能想到的最佳方案。为此韩建军联系了很多环境测试单位，但都无法提供长时间的测试条件。为了降低测试成本，他甚至开车考察过北京十三陵储存肉类的冷库。

终于，到了北京一年里最冷的时候，为期最长、条件最艰苦的加热模块测试工作开始了。韩建军选择了凌晨在公司大院进行测试。于是，每天凌晨 2 点到 5 点气温最低的时段，韩建军都会瑟瑟发抖地站在公司大院里对着设备记录数据，供第二天分析使用。有了充足的实验数据，合理地布置了加热模块安装位置和设备内热空气流向，结合智能控制板的应用，中软 AFC 最终为哈尔滨地铁 1 号线提交了一份满意的设计。

引进先进方法

一个有发展前途的硬件研发团队，需要有具备不同专长的成员，这些成员应该有统一的产品价值观，相互鼓励、积极进取的工作态度，必要的交流技巧和对待新事物敏感而好奇的技术直觉。

使硬件研发团队处于动态的筛选过程，不断补充充满新鲜活力的新人，淘汰达不到考核要求的旧人，是管理的必要手段。

在完成初代 TVM 产品后，硬件研发团队的专业建设也提上了日程。设备研发中心由过去的几个人负责一款产品，开始向几个人形成一个专业组的方向发展。其间硬件研发团队也面临着换血的局面。

这种情况最初出现在线缆设计上。一台 TVM 里有 10 个以上的业务功能模块，模块与模块之间、下位机与上位机之间都存在通讯线缆，而各个模块都必须依靠电源进行供电，且大部分模块需要接地线，模块内部的电控装置、电源装置、板卡向元器件也有线缆，因此一台 TVM 内有将近几十种类型、约 200 条以上专用线缆。而 AGM 因为牵扯到过桥线缆的缘故，其设计更加复杂和繁琐，经常会出现结构设计需要为线缆让路的情况。有些布局设计独立看是合理的，但由于忽略了内部走线与束线工艺，给后续的电装、调试等工序带来极大不便。加上当时的线缆设计是以结构件样机实际测量为基础绘制和加工的，发现走线受结构影响后，往往需要重新打样再次测量绘制，十分拖延研发进程。

在初代 TVM 与 AGM 的设计制造过程中，陶松专门安排了几名技术人员负责线缆。由于工作繁重且受限于研发节点，这几名技术人员的工作压力非常大。陶松发现了这种情况后，果断提出设计专业化的团队建设方向，成立了线缆设计小组，引入 3D 设计的方法，统一规定机械结构设计以 PROE 为工作环境，并将 PCB 板卡设计进行标准化管理，统一建模入库，由此中软 AFC 从平面绘图设计走向了电脑三维辅助设计。在样机的机械结构设计完成时，必要的电控板卡、下位机控制元器件均已装配到了三维模型上，线缆设计人员可以直接在三维模型上进行线缆走向设计，由软件自动计算线缆长度，结构人员通过模型可进行走线合理性确认及增补，修改必要的拖链、护线套、粘扣、扎带等走线辅助材料的位置，使得设计效率大大提升。

在线缆设计从专人向专业的转换中，伴随着从人工图纸设计向引入 CAD（计算机辅助设计）方法的转变，结构设计团队自然而然地形成了。中软 AFC 聘请了在 AFC 领域内有丰富设计经验的线缆设计工程师负责结构专业的建设。随着中软 AFC 项目的增加，结构团队也在内部细化为 TVM 组、AGM 组、BOM 组等多个子专业组别。

设计不断优化完善

随着结构专业的发展壮大，更多有丰富经验的设计师加入，整机的设计理念也逐渐严谨扎实。在普通乘客的眼里，十几年前的 TVM 和 AGM 与如今的设备大同小异，但是其中的奥秘只有内行知道。

初代 TVM 采用的是整张板材钣金成型，在这种工艺范畴内，机壳壳体是主要的强度支撑结构。工艺成型需要大量的辅助制具，为了表现造型的弧度和折弯往往需要模具完成，个别情况下钣金折弯无法满足造型时，批量设备的外观需要通过液压折弯机反复折压成型，或利用氩弧焊配合惰性气体保护进行分型线焊接等工艺手段实现，这种成型工艺消耗了大量的工时和人力，并且遇到了一个梦魇般的工艺瓶颈——应力形变。

在焊接及折弯过程中，金属的延展性会造成一定的内应力变化，而内应力会对金属板材产生晶相相位上的位错，即微观上的应力形变。当这种形变积累起来，在宏观上的表现就是钣金结构件的变形，工厂师傅俗称“瓢”了。直接结果是，原本加工完好的设备，在使用一段时间后，内部应力随时效释放，原本严丝合缝的分型线不再平整，原本焊接的弧度走形，严重的时候甚至导致设备开启后无法再闭合上锁。

为了解决应力形变，结构设计团队提出了壳体拼接、蒙皮骨架等多种整机结构设计方案，并随着项目进展，在不同的项目中进行样机试点试验，逐步验证整机拉铆拼接、焊接应力释放、新型型材使用、线切割工艺改进等多个子课题，使得整机统一结构设计向分包式结构设计过渡，由内部焊接拼接向独立骨架配合拉铆压铆蒙皮等工艺延伸。由此整机设计成本逐年降低，开发效率逐步提高。

在电气布局上，早期 AFC 终端设备一般采用“业务模块 + 独立电源供电”的方式，即每个业务模块都配置一个内置电源进行外部交流入电转换为直流供电进行工作并单独接地的模式——这导致整机设备内部的电磁环境十分复杂，各种谐波、射频场干扰等现象普遍而严重，使得业务模块易受干扰，整机的运行稳定性和可靠性很差（fig.3-8）。

陶松和其他技术人员一起进行了整机电气布局的规划，将分散的供电电源进行了整合设计，形成了交流外电入电，

fig.3-8 设备设计更具人性化

统一直流转换、调制并分路输出的 AFC 专用电源模块，使得设备内部电磁兼容环境大大改善，设备模块的稳定性明显提高。而 AFC 专用电源模块的出现，也标志着 AFC 领域电气部件向专业性和先进性变革，同时也成为中软 AFC 的显著特征之一。

售检票终端设备在产品形式上从属于自助服务设备领域，其区别于其他自助服务设备产品的最重要特性就是设备内的技术集成度极高，例如 ATM，其组成的功能模块仅有 3 ～ 5 个，而 AFC 终端设备 TVM 内，其业务模块一般不少于 10 个。因此当设备出现技术故障时，很难进行故障定位。如何在工程现场快速定位并排除故障点是 AFC 设备运营的压力之一。为此，陶松主持设计了设备维修面板模块，以固件中间件技术为基础，通过嵌入式软件配合串口通讯实现了 TVM 内部模块运营环境的实时监测与控制。

维修面板模块是介于 TVM 下位机与上位机中间层的一个工业控制系统，一方面集成了部分业务模块的测试用例，可以对其进行业务功能的验证与监测；另一方面又具有与上位机约定好的部分通讯协议，可以模拟上位机指令对整机设备进行工作模式的切换。维修面板模块的出现，标志着中软 AFC 已经从 AFC 硬件门外汉，转变为深刻理解并能充分挖掘 AFC 行业技术与应用需求的企业。

中软 AFC 硬件研发团队根据自身开发产品的需求，设立了 4 条产品线，分别是门单元产品线、售票类设备产品线、检票类设备产品线、模块开发产品线。各产品线各司其职、紧密配合，经过各种专题讨论，反复选型，多项实验、测试，短短三四年就成功研发生产了大量应用于各个项目的整机设备、模块、配套工具，还有部分外观新颖、技术先进的概念机。其中包括TVM三十多款，AGM二十多大类，BOM二十多款，EQM十多款，硬币单元十多款，发行单元二十多款，回收单元二十多款，门单元及配套通行逻辑三十多款，各种主控板、接口板、驱动板等一百多款，还有多款电源模块、维修模块、加热模块、通行向导、紧急按钮及报警控制盒、手持读卡器。

这些整机及模块有不同的外观尺寸、不同的内部构成与布局、不同的解决方案，可应对各种不同的需求。除了大量产出几乎覆盖全范围的AFC设备之外，在整个研发过程中还收集、积累、制作了大量选型部件资料，三维、二维零件库，元器件封装库，为下一步设计开发提供了大量数据基础，大大提升了开发效率。

坚守和执着：质量的保证

中软AFC先后建立了高低温测试柜、高温老化室，购买各类仪器仪表并成立专门的硬件测试部门。所有新选型元器件和模块的关键技术参数指标必须在硬件测试部门进行重新验证。在必须满足设备招投标文件技术指标需求的同时，还必须满足实际设备使用需求。

每一次硬件选型，大到一个外购的票卡发行模块、小到闸机的对射传感器，均须经过严格的选型确认流程，方可进入合格供货目录。元器件及模块的初次采购，来料检验均需100%全检。样机制造完成后随整机样机进行各项功能及性能测试、高低温测试、老化试验、型式试验，让所有来料缺陷和设计缺陷

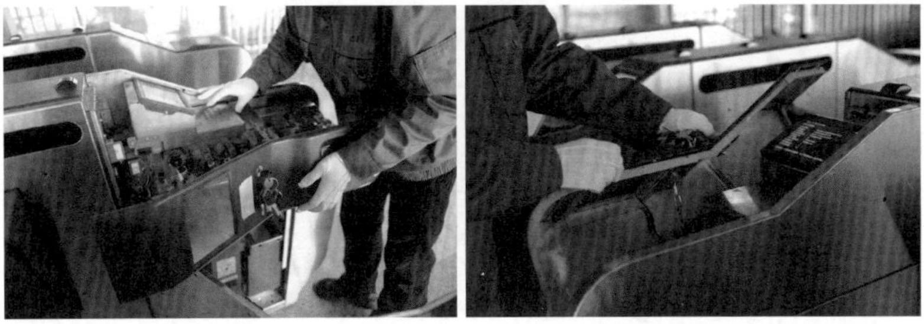

fig.3-9 运维人员正在对设备进行现场维修

暴露在样机阶段。

相对于有些集成商样机生产之后直接批量生产，中软 AFC 一直保留着小批量生产的环节。如果说样机阶段是为了暴露设计问题，小批量生产则是为了暴露供应链管理问题及工厂生产组织问题。在项目时间节点需求日益紧张的今天，严格坚持所有设计生产环节不缺位，也是中软 AFC 对产品质量的一分坚守和一分执着。

随着技术体系的完善，技术支持与服务成为研发团队的另一个建设目标。经过多轮次的内部培训和人员输出，一些原本从事开发工作的职员转岗从事技术支持与售后服务工作，中软 AFC 逐步具有了一定规模的售后运维团队。由于研发出身，他们更了解整机与部件的工作原理，并能准确定位设备故障原因，使得在售后服务领域，中软 AFC 具备了快速响应、及时排除的良好运维口碑，并多次获得各项目业主的通告表扬和嘉奖（fig.3-9）。

攻克核心技术难关

新一轮科技革命的兴起极大地改变了世界产业格局，是否

fig.3-10 积极参加 AFC 论坛年会

掌握核心技术不仅影响全球产业布局，更成为各国综合国力的重要标志。

近年来，在中国轨道交通高速发展的同时，中软 AFC 也逐渐实现了从“跟跑”到“并跑”再到“领跑”的转变。虽然在软件系统国产化和硬件设备整机研发方面，中软 AFC 取得了很大的成绩，但是部分核心部件还是长期依赖于进口，“在别人的地基上盖房子，楼越高风险越大”，不掌握核心技术，迟早会受制于人。自主研发能力强，市场地位才稳当。在中软 AFC 的垂直产业链布局上，还要攻克核心技术的难关（fig.3-10）。

随着国产化的不断深入，中软 AFC 的硬件开发部分各专业逐渐健全，正式开启设备及模块硬件的设计与开发工作。硬件研发包括电气设计、机械设计、线缆设计、PCB 设计、工业设计、工艺装配、底层代码等多个专业。随后，对于其他核心模块，如发行单元、回收单元、门单元及其他重要部件甚至周边设备、工具的开发也都提上了日程。

随着移动互联网的介入，手机支付、移动支付等的发展，AFC 系统设备也发生相应的变化。中软 AFC 提前洞察市场先机，及时调整战略部署，转移研发重点，逐渐放弃了硬币、票卡、纸币单元等，将研发的核心聚焦在门单元、读卡器等方面。这一选择对于中软 AFC 未来的发展，起到了至关重要的作用。

部件模块升级换代

中软 AFC 对部件模块的研发也经历了从无到有，从弱到强的过程。

最初在北京地铁 13 号线升级改造项目中进行 TVM 设计的时候，作为一个软件公司，中软 AFC 对硬件的模块化设计理念还不是很清楚。最明显的表现是，当时设计的硬币单元，虽然从结构设计上看是一个独立的模块，但从电气控制角度看，硬币接收、硬币找零等本应属于硬币单元自身控制的工作，竟然需要 TVM 主控单元直接来操控。本应属于整机的一些输入输出控制，如前面板指示灯、维修门到位开关等，竟然和硬币单元的输入输出控制设计在了同一个电路板上。整机和模块没有清晰的界限。这样的设计，虽然从项目交付的角度看并无问题，但从长久看，可维护性很差。

带着北京地铁 13 号线和首都机场线积累的经验，中软 AFC 在 2009 年设计北京地铁房山线、15 号线的设备时，果断把硬币单元从功能上与 TVM 整机进行了分割。硬币单元作为一个独立的模块，与 TVM 整机之间的接口只有一条 DC24V 的电源线和一条标准的 RS-232 串口线。这样上位机和下位机之间有了明确的界线。可以说，硬币单元从整机中独立出来，代表着中软 AFC 的模块类研发工作真正的开始。此外，技术部门对硬币单元的币道、钱箱、锁、安装固定方式等也都做了优化调整。中软 AFC 硬币单元至今出货量在业内都首屈一指。

与之相应，整机的输入输出也采用了标准 RS232 接口的控制板，所有的指示灯、电磁铁、到位开关等都集中在一个独立的控制板上。后台维修模块也采取了同样的思路，显示屏接到工控机的扩展显示接口，操作键盘及代表各模块工作状态的双色指示灯均由一个独立的控制板来控制。Token 发售单元和 Token 回收单元同样经历了由上位机直接控制到模块化设计的过程。一切设计思路都遵守着高内聚、低耦合的指导思想，将整机设计逐步推向模块化设计。多年后，通过后视窗即可查看各模块工作状态，成为中软 AFC 设备独有的风格。

如果说在最初的设计思路里，模块化的思路并不明确的话，电源模块的演化更没有那么明显。因设备内部件众多，各部件对电源的电压及功率需求也各不相同，须统一定制一个独立的、具备多路输出功能的电源模块，满足各部件的用电需求。相对其他部件来说，电源设计虽然走出了模块化的第一步，但并未一步到位。北京地铁 13 号线定制化的一个电源模块各种小问题层出不穷，任何一个接口出现一个小问题，就需更换整个电源模块。如果说工控机是 TVM 的大脑，电源模块就是 TVM 的心脏。一个 TVM 时不时要更换“心脏”，所有部件均得进入休克状态。

降低电源模块的故障率已经到了刻不容缓的地步。为了提高电源可靠性，中软 AFC 找到了专门做模块电源的一家公司，经过分析研究，首次采用了多个开关电源模块组合，再由统一端口引出，集成一个电源箱的方案。这个方案应用在了北京地铁房山线和 15 号线上，取得了非常满意的效果。这一技术更新，可以说是在模块化的基础上，对独立模块内部作了进一步的模块化。这样的设计思路也一直延续到今天。

电源模块本身故障少了，TVM 和 AGM 整机故障率大为降低。由于多个部件单元共用一个开关电源模块，任意一个部件发生故障都将影响到其他部件供电，而这一开关电源也非市场通用品牌，对供应链管理较为不利。2011 年，中软 AFC 找到一个台湾厂家生产的开关电源，替代了原有设备，并采用了所有独立用电单元配备一个自恢复保险的设计方案。多年后的今天，一度饱受更换保险丝之苦的地铁运维部门对中软 AFC 的电源模块自恢复保险丝方案依然赞不绝口。

随着技术经验的积累和新业务需求的不断涌现，以及中软 AFC 对标准化控制板的需求，从 2012 年起，中软 AFC 开始设计一款通用控制板，将硬币单元、Token 发售、Token 回收的各路输入输出统一到一个控制板，对模块设计、生产、后期维护都有极大的便利性。

同时，随着 ARM 的采购成本和开发成本逐步降低，中软 AFC 开始在控制板上采用以 ARM Cortex-M3 为内核的 STM32F103 单片机，其处理性能相对之前的 C8051 单片机提升了 3.5 倍。外围部件的种类和性能也有了数倍提升。相对于之前的单线程控制，采用了嵌入式实时操作系统。硬币单元、Token 发售单元、Token 回收单元整体控制性能均上了一个新台阶。

模块设计的两次飞跃，使中软 AFC 的硬件设计能力从跟随同行跨越到领先同行（fig.3-11）。

fig.3-11 2009年成都AFC论坛年会上，中软AFC员工正在进行设备展示

发行回收单元国产化

经过几年的实践，中软AFC建立了自己的软件研发体系、硬件研发体系、质量控制体系，并通过各个阶段项目的顺利实施，成为中国AFC系统行业重要集成商之一。AFC领域的“基础课”学习完成之后，中软AFC开始调整发力点，逐渐向核心产品聚焦，并将攻克核心技术的第一场战役放在了IC卡发行回收单元（fig.3-12, fig.3-13）。

结合当时的国情和企业发展现实，中软AFC选择了购买国外技术、图纸，经过学习吸收，来实现自主生产的路径。2010年，中软AFC购买了日本信号IC卡发行回收单元的图纸。当时陶松、李棋瑞等技术人员大喜过望。

拿到图纸以后，硬件研发团队马上对图纸进行消化、吸收。由于当时技术条件的限制，图纸只能达到二维，因此必须要把图纸转化为三维。而随着学习、消化、吸收工作的深入，大家开始意识到，拿到图纸并不等于拿到了全部，图纸只代表了核

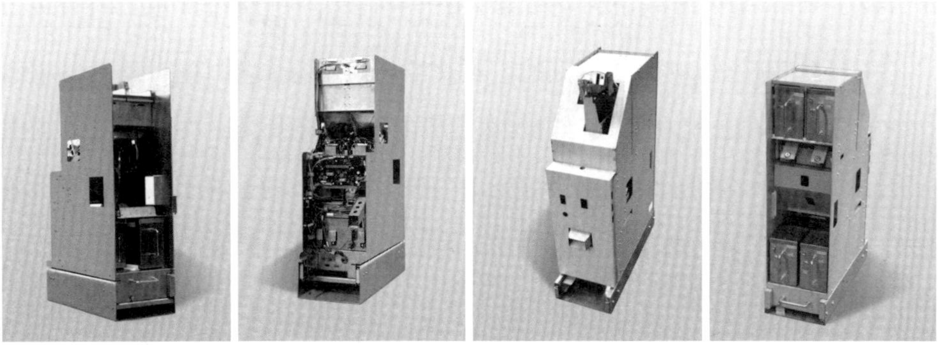

fig.3-12 中软 AFC 的票卡发行模块和硬币单元

fig.3-13 中软 AFC 的维修模块、回收模块和加热模块

心技术的“冰山一角”。对于核心技术而言，图纸的技术含量只占 80%，工艺文件才是最重要的。

中软 AFC 当时的技术实力跟日本信号不在一个层级，研发团队根据图纸，磕磕绊绊地完成了工艺调整，开始了电气设备的选型工作。大到一个模块，小到一个传感器，中软 AFC 都进行了严格的测试，要验证产品说明里的规格参数与产品自身性能是否匹配；要测试产品是否适合于项目招投标文件中提出的参数要求；要检验产品是否符合中软 AFC 自己的设计需求。为了保证测试科学客观，研发人员把参数需求写明后，填写测试申请单，由公司内部测试。

如果说没有关键的工艺文件，给了李棋瑞等人第一重打击，那么部件采买遇到的困难又给了他们第二重打击。虽然日本信号的图纸提供了电气部件清单，但清单里的部件却有八成国内买不到。传感器的选型由李棋瑞负责，为了买到部件，李棋瑞尝试了很多办法，电话打到日本、深圳，其中的周折与辗转自不必言。

虽然经历了重重打击，中软 AFC 人却没有被难倒。结构设计方面，机械研发部的研发人员站在日本信号的肩膀上一步一步往前走；电控设计方面，他们靠着自己的理解设计，拿着日本信号的设备一点一点地比对，像小孩子学走路一样，从模仿起步。

更难的线缆设计还在后面。线缆部分日本信号只提供了原理图，加工文件只能靠由中软 AFC 自己钻研。设备的线缆非常复杂，为了解决 IC 卡发行回收模块的线缆设计难题，现场工程师陈国林想了一个“巧办法”。他手工做了一个与发行回收模块同等大小的、1m×1m 的板子，所有线缆完成之后，先在木板上成型，再取下线束安装到整机上。原本一两天才能完成的工作，现在一个小时就能完成。后来才知道，这种方法原本就是线缆设计行业的通用做法。他们没有走错路。

研发设计完成了，怎么让产品落地、批量生产是关键。在经历了与生产厂商的一系列磨合之后，中软 AFC 的 IC 卡发行回收单元终于实现了国产化生产。IC 卡发行回收单元是截止到目前中软 AFC 国产化研发生产得最大、最复杂的部件。这一模块的自主化，为后续中软 AFC 硬币单元、门单元等核心技术的研发积累了经验，打下了非常好的基础，过程中还磨练了团队，培养了核心研发人员。

IC 卡发行回收单元国产化的成功，为中软 AFC 攻克核心技术积累了信心。此后，中软 AFC 的核心部件研发变得更加自信。

集中“兵力”研制门单元

在核心模块的研发选择上，中软 AFC 从战略部署角度出发，又作出了一个具有前瞻性的决定——集中优势“兵力”，将核心技术研发聚焦于门单元。

中软 AFC 掌握核心技术可以有很多选择，包括纸币单元、硬币单元、票卡的发行回收机构以及门单元。虽然当时二维码还不普遍，但考虑到无现金支付方式一定会成为潮流，纸币单元、硬币单元、票卡发行都有被淘汰的可能，门单元却是一个永远淘汰不了的系统。不管用哪种支付方式，这种阻挡的方式是停不下来的，门单元是 AFC 本质的核心。

门单元及配套通行逻辑算法作为轨道交通售检票系统的核心部件，对安全性（防止夹伤）、可靠性以及防逃票性能要求极高，过去长期被国外品牌垄断。国内盛行品牌有瑞典固力保、德国马格梯内克、韩国普龙等。随着 AFC 技术在国内的普及和发展，国外早期产品逐渐开始退去技术先进的光环。

国外产品大部分均采用“直流有刷电机驱动 + 减速器 + 到位传感器 + 电磁铁限位”或是“直流无刷伺服电机 + 行星减速器”的运动控制方案，设计技术已不再领先，而且这种方案的门单元工作噪声大、寿命较短、维护成本较高等弊端也逐渐显现。但由于市场上缺少竞争对手，仍然占据国内市场的大部分份额。

为了进一步实现国产化的目标，中软 AFC 在门单元方面进行了投资。门单元的产品创新是中软 AFC 在完成了 AFC 业务功能部件产品体系后的又一次研发，或者说是研发中的研发。通过其他功能部件的研发，中软 AFC 在数年的摸爬滚打中逐渐总结出了一套有效可行、轻车熟路的硬件设计方法与体系，培养了从机械设计、电气开发到嵌入式软件编写兼备的专业队伍。中软 AFC 从中挑选精英员工组建了门单元产品组，开始对门单元这款产品精耕细作。

根据 AGM 阻挡机构的不同，门单元一般分为三辊门、拍打门和扇形门三大类。三辊门是由三个闸杆组合成阻挡机构，该机构在闸机解除控制后需要人力推杆放行，放行后另一根杆通过机芯的液压减震装置后停留在水平位置，需要再次解控后才能放行。三辊门可以有效避免多人同时进出的问题，但是它的传动机构复杂，乘客通行速度慢，携带物品的乘客出入也很不方便，紧急情况下不利于乘客疏散。拍打门是以一个矩形门结构作为阻挡机构，相对于三辊门更利于通行，但是其门结构刚度难以增大，容易被外力损坏，拍打式门被放置在闸机的一端，对于双向通道来说，在闸机两端都必须设置拍打门，成本较高。剪式门以剪式门模块作为阻挡机构，被安装在闸机中部，每个通道只需要一套门机构，因此成本较拍打门更低。此外，剪式门机构的通行速度快，利于在紧急情况下疏散乘客，且门扇不易被外力损坏。

由于剪式门和拍打门在国内普遍通行，产品组决定，门单元研发主要包含剪式门单元、拍打门单元、乘客通行逻辑算法、剪式门测试平台等。在门结构设计方面，采用简洁的方案，要求达到噪声低、寿命长、可靠性高的效果。门通行控制逻辑自主研发，定制通行逻辑，优化和自适应国内应用的需要。基于我国成人人体尺寸的国家标准，从乘客通行模型建立、通行监控传感器的最优布置、动态式识别乘客及通行行为、基于通行模式挖掘的自学习修正算法等方面，对乘客通行监控技术的解决方案进行全面、系统的研发与软件设计。

为了进一步拓展 AFC 核心部件的市场和技术，完成中软AFC在AFC系统集成、整机和核心部件的完整的垂直产业链布局，为做强做大奠定基础，中国软件对拥有完整、科学的质量管理体系，在轨道交通自动售检票设备的研发、制造、生产、加工方面具备较强专业能力的艾弗世进行了收购，成为其控股股东。艾弗世此前主营业务及产品为轨道交通自动售检票设备核心模块的研发、生产、销售及售前售后服务，拥有扇门单元的自主知识产权。

与艾弗世合作后，全系列产品的升级开始。机构设计方面主要解决一代产品加工难度大、成本高、工艺难度大问题。优化扇门底座设计，采用简易式底座替代一代产品的焊接式底座。优化摆臂设计，采用方管型材机加方式替代焊接形式的摆臂。自润滑轴承采用自润滑高强度塑料轴承替代一代产品的铜基体自润滑轴承，扇门运动效果更佳。包胶也从自结皮等材质更改为微孔发泡材质，质量更轻、韧性更好、撕裂强度更高。结构连杆通过铸造方式进行加工，同时还在新一代 300 双折门上尝试铝合金连杆，以达到减重目的。

此外，结构方面的设计优化和生产工艺优化，使得扇门结构精度控制更高，产品稳定性和可靠性明显提高，结构成本降低 40%。同时开发了新款电机，性能明显提高，并成功研制成功 ISD-001 自制驱动器，成本相比采购定制降低 30%之多。GCU-G2 电路板开发成功，G2 电路板集成 I/O，闸机电气方案更优，可降低成本和减少维护。CTJ2280SS 系列剪式门、CTJ2250SS 剪式门、CTJ3300WD 剪式门等型号产品大量上线，应用于多个地铁项目，运营方反馈故障率较低。

不久，艾弗世成为中国软件的控股子公司，与中软 AFC 事业部有效的开展技术融和。中国软件通过注资，为艾弗世注入了更多的技术活力。这种活力，更多地体现在了门单元的研发中，后续的门单元研发更有效而坚实。

自 2017 年 8 月起，门单元团队进一步对市场占有率较高的 280 单折剪式门和每个项目都会用到的 300 双折剪式门进行升级，可定义为第三代产品平台。结构设计方面主要采用滚珠轴承，扇叶骨架更改为玻纤板，重量和强度更好；扇门机芯结构调整，采用二级连杆方式。新一代 280 单折剪式门成本将进一步降低 20%。新开发驱动器 ISD-005 已完成样机测试，成本更低。电机采用磁编码器替代光电编码器，稳定性更佳。

2017 年底，为达到更窄闸机宽度和更低维修箱高度，门单元团队开始研发 CTP1160 拍打门，采用剪式门同款电机配合皮带同步轮方式进行驱动，可适用最小 160mm 闸机，机芯高度进一步降低，改善了整机维护操作空间。

2018 年 5 月，门单元团队成功完成了拍打门研发。产品组 CTP1180 拍打门采用 75 型电机，定制版电磁制动器，驱动器配置 ISD-002，可适用最小 180mm 闸机，扇叶分为包胶和 PC 两种类型，产品结构简单，维护点少，可靠稳定。产品初期为上海地铁 21 号线研制，现已在广州云闸机项目上线使用近千套，运营方反馈故障率较低。

一代又一代产品的研发和升级，带给门单元团队的是青出于蓝而胜于蓝的喜悦和憧憬。在这个过程中，中软 AFC 的门单元产品在科技成果方面也取得一系列成就。

在通行逻辑算法及传感器布局方面，基于我国成人人体尺寸的国家标准，实现乘客通行模型建立、传感器的最优布置、动态式识别乘客通行行为、基于通行模式挖掘的自学习修正算法。

在扇门制动器及控制装置方面，采用脉冲宽度调试方法对制动器进行吸合力的检测和控制，采用PID[2]算法通过PI速度控制器输出理想电流分量，通过PI电流控制器对实际电流和必须电流进行比较，产生输出电压；在PI控制中增加D微分项来解决控制闭环的响应速度，实现快速精确控制。

2. PID，即Proportional（比例）、Integral（积分）、Differential（微分）的缩写。顾名思义，PID算法是结合比例、积分和微分三种环节于一体的控制算法。

在物联网闸机通行传感器检测装置及方法方面，基于物联网技术的闸机传感器检测和通行逻辑数据采集与监测，可实现异地远程的通行数据的监控与采集，是行业首创的物联网方案。

在闸机通行逻辑的调节测试装置及方法方面，通行逻辑的多种布局方案，基本集成了目前行业内的所有主流布局，使得门单元在配合闸机整机的情况下具有更好的普适性，是行业首创的测试平台方案。

在扇门打击力与锁止力测试装置与方法方面，扇门锁止力（关闭时强行推开的力）和移动打击力（扇门关闭或打开时）精确控制，是行业独创的产品功能。

在闸机监测及检测系统方面，提供整套的闸机测试检测装置平台，可整合行业内目前所有主流门单元产品进行跨整机的平台化功能性测试、验证及剥离门单元硬件与通行逻辑的配套行，可测试不同门单元在不同的通行逻辑下的功能满足性，是行业首创的测试平台方案。

在调节开闭角度的双折式扇门结构方面，在双折门基础上对折叠扇叶的打开角度进行调整，是行业首创的现场实施细调方案，使得门单元装配更简捷快速。

在应变电桥电路的门的锁止控制装置方面，采用应变电桥电路检测电阻应变计的方法检测门的锁止力并进行反馈，是行业首创的锁止力控制方法，检测精度及响应速度处于国际领先地位。

在门骨架减震装置方面，采用创新型玻璃钢骨架，强度和韧性均较金属有大幅提高，目前行业首创。

fig.3-14　杜潜向客户介绍中软 AFC 研制的门单元

目前，中软 AFC 的门单元团队已逐步成长为可提供生产、研发、售前技术支持、售后技术服务、工程现场支持的综合型产品全生命周期服务型队伍，成为企业核心竞争力之一（fig.3-14）。

剪式门单元、拍打门单元及通行逻辑控制器等产品已获得多项发明、实用新型专利，并在国内数十条地铁线路中得以应用，为中软 AFC 取得了良好的市场回报和品牌效应。

研制读卡器，涵盖全业务范畴

企业想发展壮大，离不开核心竞争力，而提升核心竞争力的主要方式之一，就是实现产品的“多样化”。中软 AFC 在实现了 TVM 设备、AGM 设备国产化之后，并没有停下脚步，而是逐步将业务开发涵盖到 AFC 全业务范畴。

读卡器涵盖业务广泛，包括票卡初始化、票卡发售、清分等，维护起来非常困难。票卡处理是整个 AFC 系统的核心业务，一旦遇到读卡器厂家倒闭或合同到期，升级起来非常被动。而在印度金奈项目的收尾阶段，中软 AFC 就遇到了这一问题。

2014 年，与多家集成商一直合作的读卡器厂家倒闭了，印度金奈项目读卡器代码的维护升级责任落在了中软 AFC 头上。之后，中软 AFC 决定自己开发读卡器功能，扩充 AFC 全业务及功能模块的开发范围。

其实，中软 AFC 决定自主研发读卡器功能并不是一时意气，也不是被动应对，而是不打无准备之仗。早在哈尔滨地铁 1 号线项目中，中软 AFC 就开始接触读卡器技术，为自主开发读卡器提前筹划。

最早读卡器是单片机形式，没有操作系统，属于小读卡器概念，设备需要了解售票、补票、进出站等所有票卡业务和票卡结构，处理起来非常繁琐。中软 AFC 将读卡器升级到了大读卡器的概念，将所有票卡业务代码整合在大读卡器上，丰富了接口，但依然是单片机处理，在下载升级以及记录日志方面仍无法灵活处理。于是中软 AFC 又将读卡器进一步升级，采用 Linux 操作系统，解决了下载升级和日志记载问题。

至此，中软 AFC 的业务开发基本涵盖了 AFC 全业务范畴。

今天的中软 AFC，已经突破了 AFC 核心部件关键技术，实现了在轨道交通 AFC 领域拥有包括各层级软件系统、硬件系统从研发到集成，从终端设备的整机到核心单元、关键部件，从研制到生产在内的完整自主知识产权，实现全系统的自主化与国产化。

第 4 章
创新管理：一切为了更好的发展

办企业有如修塔，如果只想往上砌砖，而忘记打牢基础，总有一天塔会倒塌。

——浦木清十郎（知名管理学家）

20 世纪 90 年代末到 21 世纪初，中国企业经历了第一波高速增长期。而随着发展速度的加快，这些处于扩张期的企业普遍发现，管理的滞后限制了企业的进一步发展。为了加强管理，许多企业开始向西方企业学习管理经验，花重金引进西方企业的管理体系。但管理究竟是什么？这些管理制度是否适合中国企业？许多企业都没有认真思考过。

团队的管理、技术的创新和资本的运作，是关系到中软 AFC 发展的核心问题。发展到一定阶段后，杜潜也开始对中软 AFC 的管理进行思考。在集成项目中标率、核心设备占有率等方面，中软 AFC 都曾经在业内领军。但企业发展如同马拉松竞赛，在某一阶段成为领军者不难，难的是一直领先。杜潜意识到，中软 AFC 虽然在技术人才和市场人才方面有充足的储备，但在管理人才方面存在缺失。如果甘于现状，将来必会产生更多的问题。

为了应对挑战，杜潜在实践中提出了“精养”的管理理念——像培养孩子一样管理企业。中软 AFC 开始摸索管理与技术并重的原则和人性化与制度化结合的管理模式。

“原生态”管理

进入 AFC 行业之初，中软 AFC 凭借与日本信号的合作，迅速了解和初步掌握了行业业务知识，并以多年积累的软件经验，迈出了 AFC 事业的第一步。在发展初期，中软 AFC 几乎将全部精力都放在了市场开拓和项目实施上，因而经历了一段摸着石头过河的“原生态”管理。

分工专业化

为了能够顺利完成北京地铁 13 号线升级改造项目、首都机场线项目，杜潜要求，在提高软件研发能力的同时，硬件设备研发和生产能力也要再上一个新台阶，中软 AFC 要从一个纯软件公司，转化成为具有系统集成、设备和软件研发能力，适应工程项目建设的综合性公司。中软 AFC 根据经营方针和业务需要，成立了软件研发中心、设备研发中心、质量管理部等专业化部门，分工开始逐渐专业化。

专业化的分工，使各部门和专业组的专业技术水平和研发能力迅速提高，圆满完成北京地铁 13 号线升级改造项目、首都机场线项目。此后的两年间，中软 AFC 搭建起了第一代设备的自主研发、设计、生产系统，建立了门类齐全的技术架构组织。软件研发中心下设后台业务部、前端设备部，完成了系统架构平台，终端设备组完成了以 Linux 操作系统为基础的终端设备软件。设备研发中心下设结构设计组、电气设计组，逐渐能够胜任整机的结构设计、电气设计，并研制出第一代自主品牌的硬币单元模块、电源模块、维修模块等。

质量管理部成立后，制定了软件设计规范、硬件设计规范、工程交付规范、文件交付规范、各阶段测试规范以及各系统、设备、部件测试用例等。质量管理部下设质管组和测试组。测试组组建于北京地铁 13 号线升级改造项目和首都机场线项目实施期间，通过业务规则的学习和全系统开发过程的跟踪测试，测试组的工作人员成为中软 AFC 内部最了解系统的一群技术骨干。在后续的项目实施中，虽然各地业主标准不同，业务规则各异，但中软 AFC 一直延续了系统整体框架和实现技术思路，测试组对系统的掌握和对细节的把控都到了炉火纯青的地步。后续的项目实施中，资深测试组工作人员成为“香饽饽”，项目经理们都争先恐后地“抢”人，认为测试组同事的加入，会让整个项目的技术实施变得更加顺利。

北京地铁 13 号线升级改造项目、首都机场线项目成功开通后，需要专门的工作人员负责现场的保障、维护工作。北京地铁 13 号线升级改造项目实施过程中由于经验不足，软件和硬件方面都存在一定程度的缺陷，后续的维护量非常大。为此，中软 AFC 专门抽调了一批有意愿到维护类岗位发展的开发人员，组建了运营维护部。

工作内容的复杂性和现场突发性，是对运营维护部最大的考验。他们除了要负责整机设备出厂调试、产品维修和整改后的重新调试，产品的售后服务、巡检、检修和故障处理工作，保证产品及其系统平稳运行之外，还要负责组织、协调、跟踪故障处理，保证故障及时解决。运营维护部为提高部门员工的专业素质，在紧张忙碌的工作之余，还定期开展专业知识培训。在整个团队的共同努力和成长中，他们从最初只会简单的硬件维护，到现在的硬件维护维修、软件维护两手抓，一专多能。凭借着对工作的责任和热情，他们冬天冒着严寒、夏天冒着酷暑在施工现场工作，特别是在设备安装调试期间，不管施工现场环境多么恶劣，他们从不叫苦叫累。有时甚至为了运营维护，牺牲了正常的节假日，放弃了与家人的团聚。这支队伍用实际行动证明了自身的专业性和凝聚力。

项目经理迅速成长

最初，杜潜任命公司最有经验的赵东和胡平，分别担任北京地铁 13 号线升级改造项目和首都机场线项目的项目经理，在他们的带领下，两个项目顺利结束并获得业界的好评。随后，中软 AFC 又相继中标北京地铁 9 号线、北京地铁房山线等项目，面临多项目并行局面。这时的赵东和胡平已经是非常成熟的项目经理了，但是只有两个人实在分身乏术，于是，公司决定培养新生力量，由经受过项目考验、在测试岗和技术岗表现优异的员工担任项目经理。

从技术岗和测试岗“转行”到各个项目的项目经理们，在实施过程中都略显“稚嫩”。为了让他们尽快“入门”，赵东和胡平向他们手把手传授经验。由于大多是技术人员出身，新上任的项目经理们身上都带着工科生的普遍特点：做事专注、执行率高、逻辑思维缜密。他们满怀荣誉感、责任感和使命感，全身心地扑在项目上，通过忘我工作，解决了一个又一个问题，在高压力、高强度、高规模的工作环境下得到锤炼和成长。

杜潜还记得，在北京地铁房山线工程正式开通当天，他去现场时看到郭公庄站的闸机通道旁有一个熟悉的身影，正目不转睛地盯着刷卡进站的乘客，似乎生怕出一丁点差错。这个人正是北京地铁房山线的项目经理张尚。那年北京的冬天特别冷，张尚站在偌大的地铁站里显得格外清瘦。杜潜问他大冬天的站在这里有什么感想，张尚回答说：“站在这里虽然冷，但我心里暖和，我看着乘客们拿着票顺利通过闸机，就觉得吃再多的苦也都值了。”（fig.4-1）

当时中软 AFC 培养出了一批像张尚一样乐于吃苦、爱岗敬业的项目经理。正是他们这些吃苦耐劳、乐于奉献的中坚力量，为中软 AFC 后续逢山开路、遇水搭桥，持续扩张“版图”奠定了基础。

fig.4-1 北京地铁房山线换乘大厅

科学化发展

从 2010 年开始，中软 AFC 中标的外省市项目爆发式增多，多地并行开发的项目数显著上升。研发团队正处于系统平台的过渡阶段，资源、工期压力都很大。由于外省市项目的实施地点与公司本部距离较远，项目人员与研发人员之间面对面沟通的机会变得越来越少，沟通不再像以前在北京项目中那样顺畅，日积月累，问题就沉积了下来。

纵向式管理

在项目管理的起步阶段，中软 AFC 对之没有系统的规划，也没有细化项目经理的职责。当时采用的是纵向式的项目管理模式，项目经理既要面对业主沟通需求，确定工程节点和目标要求；又要组织公司各个部门资源，协调一致完成项目的节点目标，对其综合能力提出了极高的要求。

项目较少时，这种管理模式可以加强项目经理的执行力，保障其对项目的把控；当中标项目逐渐增多、多项目并行实施后，这种管理模式则会导致效率降低，员工之间的协助和资源整合被弱化，项目和研发“分兵作战”也削弱了企业的反应速度。一系列的问题出现了。

首先是项目与研发的要求计划脱节，公司质量控制与项目工期进度矛盾凸显，导致外省市项目执行团队缺乏及时、有效的技术支持，在业主提出非常规需求时无法有效判断，以致作出不合理的承诺。而研发也无法收集到第一手需求信息，只能通过项目执行团队转述，无法完全满足业主需求。

其次是资源分配不科学。多个项目并存，需要大量的资源投入，但资源毕竟有限，项目间自然会发生争抢情况。个别项目占有了资源，因进展不顺延期开通，却又迟迟不能释放给其他项目，造成了闲置和浪费，项目和项目之间也开始产生矛盾。

再次，项目经理们不堪重负。他们在承受应对业主和内部各部门调配压力的同时，还要兼负商务、技术等方面的职责。他们中有的入职才两三年，有的仅有一个项目的实施经验，当实施过程出现了各种问题时，他们有时实在是心有余而力不足。

工作开展的艰难体现在了一个个具体的项目上，哈尔滨地铁 1 号线和武汉市轨道交通 2 号线一期、4 号线等项目实施过程中，类似上述情况都有发生。碰撞、争吵，项目经理不满意研发团队拖延工期计划，研发团队不响应项目经理提出的要求，相互间剑拔弩张，紧张的氛围进而影响了员工的心态和工作效率，兑现不了给业主的承诺，业主不满意，提出了新的、更严苛的要求……时间一长，形成恶性循环，许多项目经理负面情绪爆发，有的甚至对未来失去了信心。

问题一层一层地向上反映，为此杜潜多次组织项目协调会、沟通会，在会上项目经理和研发团队常常吵成一锅粥，你来我往，时有推诿扯皮。在一次次辩论和争吵中，纵向式项目管理模式的优势和弊端逐渐清晰。如何保留优势、解决弊端成为处理问题的关键。

就在这时，大连地铁项目成为解决问题的契机。大连地铁项目业主提出不同于其他城市地铁项目的要求：项目经理和研发人员都必须在评标现场做答辩。时任软件研发部经理的王浩与该项目的项目经理一起，投入了相当多的时间和精力完成了现场答辩。项目中标后，大连地铁项目业主提出了更高的要求，希望能够由一个具有研发、实施等方面经历的综合能力较强的人负责项目的具体执行。而评标完成之后，王浩的思想也发生了变化，他开始尝试着站在项目经理的角度思考问题，也希望能够尝试做一个项目，在实践中探求解决问题的办法。

王浩兼任了大连项目的项目经理。由于有着丰富的研发经验，王浩能够更准确地把握业主的需求，随后根据需求精准调配研发人员，实现效益的最大化，成为了沟通业主和研发的桥梁。在项目和研发团队的共同努力下，大连地铁项目取得出色的项目执行成果。

实践告诉王浩及所有人，需求从项目中来，研发产品最终将应用到项目中去。由此，项目与研发之间的配合渐入佳境。研发团队逐渐从后台走向前台，与项目经理密切配合，积极参与管理需求、引导客户、协调资源。一种新的项目管理模式逐渐形成。

“大项目中心”管理

在缓慢的摸索中，中软 AFC 逐渐意识到，项目经理应该有助手、有团队。经过认真思考，杜潜将管理理论与企业运营实际相结合，开始在项目组织架构、职责、调配的权限等方面重新梳理。在他的推动下，中软 AFC 的“大项目中心”管理模式初步形成。

“大项目中心”是指一种横向联系、纵向沟通的管理模式，意图平衡企业中各方利益，让员工把目光集中在集体利益上，有效地将项目经理和研发团队紧密联系起来，打造一个整体性的项目合作团队。

为了更快速地响应项目需求，中软 AFC 调整了组织结构，撤销了研发中心，在原有人员基础上成立了技术部，将其划归项目中心旗下，按项目进行组织。技术部由需求对接、TVM 系列产品、AGM 系列产品、BOM 系列产品、服务器系列产品、工作站系列产品、读卡器产品、互联网产品、测试实施、电气结构等 10 余个专业小组组成，涉及近 7 个产品线。

这是企业内部一次非常重要的“机构改革”，打破了项目与研发的边界。这次改革不是简单的“物理相加”，其目的是能够起到使公司利益最大化的“化学反应”。此前统筹负责过证券业务、AFC 研发和项目经历都非常丰富的王浩，被委任为公司的副总经理，主管“大项目中心”工作。

项目管理与技术管理在某种意义上是相通的。主管“大项目中心”工作后，王浩把沟通和协调作为自己的第一要务，借助自己在研发部门和项目部门的工作经验，通过分析每个项目的特点和每个项目经理的特长，在日常工作中协调研发人员为其提供有针对性的支持和帮助。在王浩的带领下，基于中软 AFC 多年的技术积累、业务积累、人才积累，“大项目中心”管理模式集中整合了内部项目和研发力量，发挥不同部门、不同职位、不同职能人员的作用，形成了一个强矩阵，强调项目团队作用，弱化部门边界，从需求把控到研发、实施。

在具体项目实施过程中，项目经理和研发团队紧密联系，顺利实现项目化运作。中软 AFC 的项目管理开始走上科学化、矩阵化发展的道路。

总工的诞生与成长

随着中软 AFC 项目管理规范化、专业化要求的提高，为了能够有质量、有保障地实现项目目标，项目团队提出了新的需求：希望能够设立一个专门岗位，让专职的技术人员来负责技术资源的组织管理、与公司研发资源的协商调配等的项目技术管理。

为了应对新的发展需要，中软 AFC 开始尝试在项目中设立“总工”这一岗位，要求其从技术层面出发，在项目的需求、规格、实现效果等方面成为业主与研发团队之间的沟通桥梁。

在哈尔滨地铁 1 号线项目中，总工的做法开始“试运行”。实施初期，哈尔滨地铁 1 号线项目面临很多问题。为了解决实际困难，研发部、测试组的技术人员被任命为总工。由此研发团队有了直接对话的接口，能够较快作出判断，直观地了解业主的核心意图、及时响应业主，项目经理与业主的关系、项目经理与研发部门的关系进一步缓和。

此后，总工的设置被保留下来，更多的研发、测试人员承担了项目组总工的工作，得到了项目组、业主的一致好评。总工是中软 AFC 项目管理发展的需要，也是研发、测试员工快速成长为优秀、全能技术通才的目标，更是他们孜孜以求、不断努力、从不懈怠的优秀品格的集中体现。

在随后的南宁地铁 1 号线、贵阳地铁 1 号线、福州地铁 2 号线、青岛地铁 1 号线以及乌鲁木齐地铁 1 号线、哈尔滨地铁 1 号线、巴基斯坦拉合尔项目、郑州地铁 1 号线、南昌地铁 2 号线、常州地铁 1 号线等项目中，各项目的总工都以自己的专业和能力，赢得了业主的信任，帮助项目经理实现了项目的顺利开通。

项目组管理

为了适应多项目并行需求，中软 AFC 又进一步调整项目管理方式，开始实施项目组管理。“项目组”的管理模式，旨在把项目经理从“什么都管”中解放出来，将原研发、质管、生产、事务管理等各个部门的人员重新组合，分配到各项目组，由主管副总统筹协调。一个“项目组”通常包括项目经理、总工、项目助理、资料员文档员等。在新的组织架构下，所有的成员固定调配，项目组织管理逐渐清晰。

这样一来，项目组可以共同负责项目整体实施工期进度，还可负责各自专业的技术把控，及时沟通和共享本专业部门资源。新的管理模式打破了原来部门、专业间的隔离和壁垒，使各部门、各专业在项目组内形成横向交叉，同时也保证了项目组执行本项目从始至终的竖向贯通。各专业工作责任到人，项目组成员不仅要在部门内对自己的专业领导负责，还需要在项目内对项目经理负责。项目的执行成为全组上下的共同奋斗。

项目组的管理模式，使中软 AFC 的项目管理从项目经理包打天下的状态中走出来，开始了团队作战；项目资源的分配从无序到多个部门的协调再到集中的管理调度。新的项目管理模式大大提高了全员工作效率，实现了资源共享，保证了各项目的完成和圆满开通。

完善项目管理体系

随着企业的发展，中软 AFC 在市场上取得了辉煌成绩，多个项目同时并进成为常态，不断有项目启动、进行和进入后期维护及质保阶段。为了进一步提高项目实施效率和市场应变能力，中软 AFC 主动出击，有目的地培养项目经理的销售意识和经营意识，不断完善项目管理体系。

增强销售意识

企业的发展壮大建立在活下来的基础上，而一个企业要想活下来，就不得不考虑市场和经营。

由于国内有资格兴建地铁的城市比较多，中软 AFC 的市场开拓人员精力有限，不可能掌控每个城市的相关信息。而在一个城市地铁 AFC 项目实施过程中，谁待在这个城市的时间最长？是项目经理。谁与业主打交道最多？也是项目经理。因此，在这个城市里，项目经理就是中软 AFC 的名片，一个好的项目经理能够依托项目，向业主展示本企业的实力，获取业主的信任，让业主能够放心地将更多项目交给中软 AFC。

由此，中软 AFC 要求项目经理，在完成项目实施工作后，尽可能充分运用与业主打下的良好关系，从“售后”走向“售前”，帮助市场部门的同事们去争取更多项目的中标，承担后续市场的开拓。

项目经理常驻项目所在地，对城市的招标和项目建设的需求比较了解，掌握相关信息之后，项目经理迅速将信息反馈给市场人员，市场人员跟进与业主招标机构、上层主管领导进一步沟通接洽。此外，项目经理还会把自己对目的标的初步了解反馈给市场部，市场部通过预估在这个城市拿到标的的几率，根据中标几率大小分配销售人员。

项目经理增强销售意识，对于中软 AFC 后续发展具有很大的促进作用。在青岛、武汉和常州等城市，中软纷纷实现了第二条线路的中标，成功打破了业内“一不可再，再不可三”的同一城市中标怪圈。

培养经营意识

如果项目经理不了解公司整体的经营情况，“只顾低头耕耘，不关注时令变化”，只着眼于单个项目，不顾及全局，必将对公司的整体发展产生影响。经营的目标是具有可持续性，对于企业来说，经营可持续性的重要指标是现金流和利润。

轨道交通项目要求集成商和供应商投入大量资金，企业中标项目越多，资金投入就越多，这就对项目经理在项目实施的具体过程中提出了明确的要求：回款要及时，经营的持续性要有保证，要有效控制资金花费进度。在项目管控过程中，中软 AFC 的项目经理虽然已经从无意识做到有意识地去协调资源，但对项目成本核算和项目利润尚欠缺考虑，对金额、费用、收益等也没有概念，并没有把这些列入自己的工作考虑范围。在推动项目实施时，往往不计投入的人力、成本、实施费用等问题。

全面考虑到这些问题后，中软 AFC 决定进一步培养项目经理的经营意识，要求项目从交付往经营方面发展，让项目经理在推动项目的过程中，注重成本和资金的管控。为了帮助项目经理养成习惯，中软 AFC 从绩效引导入手，加强培训学习。项目经理不再只是埋头苦干，开始逐步考虑在交付之外，对于市场、成本、利润等方面的把控。

中软 AFC 将项目实施费用的核算环节前置，在投标前，就要求项目经理辅助市场部门做好投标报价。中标后，要求项目经理对投标报价及其各种组成部分费用进行核算、理清账目，充分考虑成本之后，做准确的商务预案，在谈判之前，做到心中有数。为了保障项目达到最初投标时的利润要求，后期项目经理还要在执行过程中考虑采购硬件成本、外包人员实施成本等各部分的费用组成，对项目进行成本管理。

这样实施以来，项目经理不仅能够配合市场开拓、配合商务标书制作，还可以完成项目交付并且很好地控制成本，保证项目的收益。经营管理越来越清晰化、精细化，可以更清楚地看到每一个项目在每一个环节的经营管控情况。

2019 年，中软 AFC 成立了运营管理中心，对所有项目的收付款、资金、投入进行集中管理，对所有与经营相关的数据进行有效收集（为了运营管理中心的工作更加高效，又进行了相应的信息化管理平台建设，相关内容见本章后文），以帮助规范项目资源的合理配置和有效利用、降低成本、提高经济效益。

当前，中软 AFC 提出，全体员工的绩效都要与公司的经营数据挂钩。这不是一个简单的口号，而是中软 AFC 经历了多年的发展和积累后，为解决公司目前问题而提出的一个战略。在这个以“经营”为目标的核心路线下，每个部门、每个员工都应该思考，自己为公司创造的经营价值在哪里：市场部努力开拓市场、核准投标预算、保证或者降低采购成本、提高资金使用效率；项目部按时开票回款、项目执行过程节约费用；技术部门研发创新降低制造成本；每个部门都可以通过提高效率，节省人力成本；部门之间则应创造更良好的沟通氛围，提高公司的运转效率，促进公司的良性发展。

中软 AFC 在平衡项目与研发之间关系的过程中，探寻出了一条有自身特色的项目管理体系，为日后的发展奠定了坚实的基础。

引入全面质量管理

在公司发展早期，中软 AFC 遵循了中国软件 ISO9000 质量管理体系及软件管理体系。随着在专业化分工细化和硬件研发生产纳入公司业务，完备的管理系统的建立迫在眉睫。

建立 ISO9000 质量管理体系

美国著名质量管理学家约瑟夫·朱兰博士曾说过：“20 世纪是生产率的世纪，21 世纪是质量的世纪，质量是和平占领市场最有效的武器。”

2012 年，中软 AFC 开始独立建立符合公司业务特点的 ISO9000 质量管理体系，由质量管理部牵头，人力资源部协助，从各部门各选派一名员工成立质量管理体系小组，逐一梳理研发过程中各个环节所需的规范、制度以及管控手段，系统地梳理和建立各部门各阶段的规范制度、流程文件，规范过程记录。从项目命名规范、文件命名规范、物料及设备的命名规范、标识，到开发各个环节，涉及项目、研发、生产计划、任务量化、进度跟踪、各阶段评审再到输出文件、成果的流转、确认、收集、归档等，都制定了标准，进行了详细说明，建立了有组织、分层级、有针对性的质量管理规范。

质量管理体系的建立，是中软AFC发现管理存在问题后，提出的有针对性地解决问题的方案。特别是北京地铁13号线升级改造项目硬件设备研发生产过程中，与一家设备生产厂商的知识产权纠纷，给了中软AFC一个很大的教训。

北京地铁13号线升级改造项目的硬件设备设计完成之后，中软AFC便开始配合硬件生产厂商紧锣密鼓地选型、框架、布局设计、细化设计以及生产组装。一开始，合作厂商与中软AFC之间合作良好，厂家的技术人员也热心地帮助中软AFC修改、完善图纸。当时中软AFC的研发人员毫无经验，毫不设防地把图纸交给了生产厂家。但是没有想到的是，生产厂家却擅自拿着图纸去申请了专利。几经周折，中软AFC才通过法律手段拿回了自己的知识产权，并且通过申请获得了专利。

吸取这次教训之后，中软AFC决定建立质量管理体系。质量管理体系小组的成员们虽然来自不同部门，专业不同、工作内容不同，但为了中软AFC的ISO9000认证这一目标，大家本着团结合作、协调一致的精神，任劳任怨，从不言苦言累。2012年，在全体成员的共同努力下，完成了二级程序文件，三级管理、技术文件，四级记录表格的编制、审核、批准，编制了针对各个部门质量体系推进实施检查的计划。

刚开始，员工对质量管理部的工作非常不理解，在技术人员看来，研发的关键是技术的实现，文档命名规范、图文清单、归档等都是次要的。但随着公司的不断发展，所研发的产品越来越多，产生的图纸、文档等基础性材料也越来越多，再加上技术人员的流动不可避免，员工们逐渐认识到了规范化管理的重要性。中软 AFC 通过文件宣贯、组织质量知识培训、质量工作的宣传交流，以“质量月”和“全面质量知识竞赛”等质量活动为载体，促进全员质量知识、质量素质提升，引导全员树立“质量第一，严格管理”的理念。

通过大家的共同推进，中软 AFC 的质量管理体系的充分性、适宜性、有效性得到了较大的提高；质量体系文件结构和内容更加合理；各部门工作过程流程更加清晰，更加可控。现在，中软 AFC 的员工们对质量管理体系的态度也开始从排斥到认可，从认可到“离不开”。

从 2013 年首次取得 ISO9000 质量体系证书以来，中软 AFC 严格建立与实施质量管理体系，使得公司质量管理制度不断健全，通过管理层的管理评审及公司全范围的内外部审核活动，严格落实质量安全责任制，实现了综合管理的“持续改进”。健全产品 / 项目验收合格率、产品 / 项目测试缺陷关闭率、产品 / 项目上线后完好率等检测指标体系，加强检测和分析改进，提升了产品质量和顾客满意度。

随着 ISO9000 质量管理体系的建立，中软 AFC 的项目管理规范也逐步建立和完善，项目团队不仅需要在符合北京新标准规范的前提下进行研发、生产、测试的组织，在项目实施过程中，还遵循项目管理过程规范的要求，做到项目计划管理、项目需求管理、项目变更管理、项目风险管理的有效控制，为最终实现项目目标，攻克难关，发挥了至关重要的作用。

目前，中软 AFC 的质量管理体系已经经过了历年的年审、三年一期的重新认证，并于 2018 年完成了 ISO90001 质量体系文件的换版。

实施全过程质量管理

为了确保项目能够按时保质保量完成，中软 AFC 在采取项目外包措施的同时，还采取了由现场负责人对外包公司的直接管理、由公司技术人员负责对外包公司人员的技术培训、制定《项目外包商考核制度》初步实现对外包公司人员的评价与考核等措施来提升公司现有人员的管理水平和技术水平，并取得了良好的成效。

实施全过程质量管理后，中软 AFC 的管理不再是初期临时拼凑、摸着石头过河的无序状态，公司项目管理流程及产品研发流程走上了系统、规范、叠加、积累的发展之路。

针对项目管理，制定明确的项目节点目标，并分级细化节点目标。项目团队向研发、生产部门提出需要，下达任务目标，并参与研发、生产的评审和计划的跟踪。研发生产过程中，质量管理部负责对研发文件图纸、设备生产进行质量控制，以及对软件系统、各阶段各种类型的测试检验，保证为业主交付高质量、合格满意的产品。同时项目各阶段执行过程中保存了完整的设计文件、质量控制文件、测试文件、项目管理文件等过程文件，为项目的持续维护及后续新项目实施不断积累经验。

信息化管理平台建设

自2013年起，中软AFC的轨道交通事业进入了快速发展期，跻身业界前列。不断扩大的业务对管理模式提出了新的挑战。在这个过程中，信息化建设逐渐发展起来。

在信息化管理发展方面，中软AFC首先引入的是财务管理系统。根据行业管理规定、各级审计要求，以及公司管理要求，将各类财务数据纳入信息化的管理。随后，中软AFC又引入了青铜器管理系统。该系统主要是针对研发中心的开发人员参与项目各节点的投入工时、工作指令和开工状况进行的管理，在合理利用研发资源方面发挥了很好的作用，同时，统计项目资源的使用情况，也为其他新项目预估和制定工作计划打下了良好的基础。

为了保证AFC设备的采购及生产环节的顺利，加强出入库管理，2014年，中软AFC引入了ERP系统，初步建立了生产采购、物料出入库等的信息化管理平台，并于2015年7月正式上线运行。

随着网络化普及，移动办公成为最便利的管理手段之一。中软AFC紧跟潮流，引入了纷享销客管理系统，市场项目信息沟通及办公业务流程等都可以方便地在手机及计算机平台上同步执行。

2016年，中软AFC决策层通过对公司未来发展的规划以及管理现状的分析，配合中国软件运营管理系统的要求，将建设中软 AFC 运营管理系统提上议事日程。

建设运营管理系统预定目标有二：通过系统的上线和运行，梳理和沉淀公司各种管理规范和业务流程，尽可能把形成的规则通过系统固化；将现有的管理系统数据统合，消除管理盲区，逐步对全部项目、全部运营数据进行管理，为管理层提供经营管理和分析的依据。

经过比选分析，中软 AFC 运营管理系统将采用与中国软件运营管理系统完全相同的系统模式，单独搭建独立的硬件环境和数据库环境平台、组织权限系统。这样不仅系统可以快速上线，还能同时与中国软件形成一致的管理要求，为今后的数据交换创造条件。

2016 年 7 月起，由中软 AFC 的 PMO[3] 牵头，内部对上线推进方案进行了宣贯，明确了详细上线计划、运营管理系统对公司管理改革的重要性，同时动员各部门领导层及相关人员参与系统定制过程的研究讨论。运营管理系统是对一个项目的立项、招投标、销售合同、采购申请、采购合同、开票、付款、用印及档案全过程的管理，所涉及的部门和流程非常多。上线过程的每一阶段，PMO 都与各部门沟通协作共同推进，过程中集体智慧发挥了最大作用。

系统前期配置最关键的因素是组织架构、角色和岗位。2017 年，PMO 负责对中软 AFC 组织架构、各管理流程进行重新梳理。公司内部的组织架构要与运营管理系统相适应，而且除了项目的执行以外，

3.PMO（Project Management Office），一般称为项目管理办公室、项目管理中心或项目管理部，其主要作用是在组织内部将实践、过程、运作形式化和标准化，同时在企业内部各部门之间，在因推动项目实施前进产生各种工作资源冲突时，负责协调整合。PMO 是提高企业管理成熟度的核心部门，它根据业界最佳实践和公认的项目管理知识体系（PMBOK），并结合企业自身的业务和行业特点，为企业量身定制项目管理流程、培养项目经理团队、建立项目管理信息系统、对项目提供顾问式指导、开展多项目管理等，以确保项目成功率的提高和企业战略的有效贯彻和执行。

还要将相关的业务融合进来。PMO 就每个流程图、角色和岗位与各部门不断沟通确认，目的是将现有的规范和流程按系统要求的模式固化下来。同时 PMO 也密切地与中国软件的运营系统实施部门进行沟通，将中软 AFC 的运营概念、运营模式与管理系统与之进行匹配和对应。

在系统部署、测试系统的过程中，PMO 和各部门一起，将系统每一个字段的填写规范、需要上传的附件作了详细的规定，按照业务要求及管理要求，每一个规范和要求都是经过与各相关部门反复斟酌，将上线系统要求、公司的运营管理要求、内控要求、审计要求一并规范到系统中。搭建的系统在很大程度上减少了因为要求不清晰而增加的反复修改的工作量以及延误的时间。

2018 年 3 月，中软 AFC 运营管理系统正式上线运行。初期项目相关人员对运营管理系统运行不太适应，觉得不但没有提高工作效率，反而增加了工作量。很不理解为什么只是回款或申请发票，就要提供如此繁琐的材料、走如此复杂的流程？员工不了解的是，财务报表上的每一个数字，都必须经由审计公司认可之后才能确定，而审计公司审定的依据就是所提交的各种资料。

经过多次的全体培训、分部门培训，全员对运营管理系统目标、系统的操作、规范，以及公司流程和制度、工作流程的环节和时间，都逐渐熟悉和理解。经过 3 个月试运行，整个系统的运转趋于平稳和高效。项目执行的各种审批在线上即可进行。项目经理大多分布在全国不同的城市，不再需要花时间寄送文件，就可以在线上发起申请和查询审批进展情况，时间紧急的情况下可以直接给流程所至的审批领导打电话或发信息催促。项目经理和工作人员可以从系统上直接查询所负责项目的各种经营数据、申请和取得的资质文件，减少了人员传递的工作和时间。截至2018年年底，所有在运行项目都实现了在线管理，积累的项目历史数据都上传到了系统中。

运营管理系统的上线，让项目经理和中软 AFC 相关部门都感受到了信息化为公司带来的高效和便捷，同时加强了部门之间的深入沟通和相互理解、相互支持。运营管理系统目前已经达到了规范管理流程、整合管理数据、管理过程透明的效果，一定程度上控制了管理风险，并可更好地为管理层提供经营管理和分析的依据。

人才领舞，共同追梦

孙中山先生曾说："治国经邦，人才为急。"任何企业的发展都需要培养人才、挖掘人才、用好人才。人才，对于极为依赖技术创新的 AFC 行业来说，更显得至关重要。

大胆启用年轻干部

为了保持企业活力，中软 AFC 大量启用年轻干部，因为他们更有热情和冲劲，"让年轻的人冲到前面"。不过，"老骥伏枥，志在千里"，在号召年轻人冲锋的同时，中软 AFC 也在不断挖掘元老级干部的潜力，使其成为企业坚强的后盾，指引和帮助年轻干部。

“老带新”“传帮带”，在赵东和胡平带领下成长起来的第一批年轻项目经理，把自己获得的经验和技巧成功地运用到项目实施中，又在具体的项目实施中，传授给了新的项目实施人员。“聚是一团火，散是满天星”，在一个又一个项目成功开通后，最早的一批项目经理，多数已经成长为中软 AFC 的中坚力量。他们带领的一批又一批实施人员，又被派驻到其他项目中，成了优秀的项目经理。

许多“对工作有热情、对未来有憧憬、对自力更生有向往”的毕业生，一毕业便加入中软 AFC 团队，从工程师做起，逐渐实现了从初出茅庐的行业新兵到身经百战的专家里手的转身。在共同奋进的历程中，中软 AFC 为他们提供了舞台、机会、挑战和激励，他们也用自己的实际努力对中软 AFC 作出了回报。是他们创造了三年内开通十几条线路的行业奇迹，是他们攻破了核心技术难点，实现了门单元产品的完全国产化。

信任、培养以及数不清的锻炼机会，让中软 AFC 内部的更多人逐渐相信，年轻的“80 后”和“90 后”能够挑起大梁，能够独立负责项目投标，能够统筹协调片区市场开拓，能够全面负责全公司的市场工作。年轻的“80 后”和“90 后”们也从新鲜血液成长为动脉支撑，一路攻城夺寨，不断在更远的版图上，为中软 AFC 插上新的红旗。

在中软 AFC，无论来自什么岗位、负责什么工作，只要肯于努力、敢于拼搏，都能获得成长。测试组的工作虽没有市场部门开拓冲锋、投标谈判时的紧张和惊心动魄，也没有研发部门钻研技术、攻克难关时的宵衣旰食和心无旁骛，但通过业务规则的学习和全系统开发过程的跟踪测试，他们可以成长为中软 AFC 内部对系统最为了解的技术骨干，并在后续的发展中快速成长为优秀、全能的技术通才，担任各个项目的总工。

培养与吸纳人才，知人善任

成功的企业有一个共同的特征：有一个好的管理团队；而失败的企业基本可以断定：其高层团队的能力达不到企业发展的要求。

杜潜认为，一个企业的人才可以分为三类。第一类是市场人才，这一类人往往活跃于企业的初级阶段，是帮助企业在市场上打拼、抢占市场份额的中坚力量。第二类人才是技术型人才，这一类人活跃于企业的发展壮大阶段，能够完成产品和系统的研发、认真实施项目。中软非常重视这两方面人才的培养，而这两方面的人才也对中软 AFC 的发展壮大作出了重要的贡献。

市场竞争说到底是人才竞争，人才对企业市场拓展起着重要作用，特别是关键性人才，对企业占据市场份额的贡献更大，因此，中软 AFC 非常重视对市场人才的培养和吸纳。杜潜更是手把手地培养了一批优秀的市场人才，将自己丰富的经验传授给他们，并给予他们锻炼的机会。在内部培养选拔的同时，中软 AFC 还注重吸收新鲜血液，让企业永葆动力。对于海外学成归来的杜嵩来说，中软 AFC 最吸引他、让他乐于留在公司的就是管理者自由的思想和开放的思维。

不同于其他企业，“年轻”的中软 AFC 没有严格的等级制度，无论是哪个层级的员工，只要是有利于公司发展的想法，都可以直接与杜潜交流沟通。而杜潜也乐于与年轻人交流，尽自己最大的努力为他们打造更好的成长环境。他鼓励员工创新，希望每个员工都能成为一个“发动机”，源源不断地为企业创造活力。

科学技术是第一生产力，在日新月异的数字化时代，如果不能积累大量的技术人才，企业的竞争力也将无从谈起。因此，中软 AFC 特别重视对技术人才的培养，使技术人才成为其核心竞争力之一。

中软 AFC 成立了技术部，为技术人才创造更便利和宽松的环境。目前，技术部以产品化、平台化为主要管理思路，结合项目化要求，已能进行批量化项目应对。BOM 产品线已经从 2007 年的一个项目需要 7 ～ 9 人、耗时两年交付，发展到现在的一个项目仅需 2 ～ 3 人、一年交付 7 ～ 9 个项目。AGM 产品也从最初的 4 ～ 6 人应对一个项目，发展到如今的 1 ～ 2 人几乎可以应对所有项目。

与此同时，中软 AFC 还积极进行跨平台人才的培养，使其可同时应对各个专业的工作，甚至跨平台开发。现阶段，中软 AFC 已经实现了服务器开发人员与设备开发人员间的复用，工作站开发人员与设备开发人员间的复用。目前技术部软件开发类资源中近 20 人具备两种以上产品的独立开发能力。

但对于企业来说，能够使其不断发展壮大的则是第三类人才——管理型人才。发展到一定阶段的中软 AFC，最大的瓶颈就是管理型人才，像国内其他企业一样，中软 AFC 也面临着管理型人才的缺失。目前，中软 AFC 通过向先进企业学习、发掘与吸纳管理人才等手段，不断招纳人才、培养人才，意图打破壁垒和瓶颈，建立现代企业的机制，促进管理人才与企业共同突破。

尽一切可能留住人才

要想在 AFC 行业一直处于领先地位，就必须聚集大量的技术人才和市场人才，而这两类人才在成长阶段形成的进取心决定了他们是向上看的，是不可能留在一家保守、落后的企业中的。为了留住更多的人才，中软 AFC 不断地创新转型，为人才的发展提供更多的空间。

在用人理念方面，中软 AFC 坚持注重专业能力、注重潜能开发、注重个人品质，同时不断调动员工积极性、不断提高员工能力、保持员工队伍协调有序发展，让人才在中软 AFC 能够学到更多东西、能够人尽其才、能够得到成长。

比尔 · 盖茨说：“如果把我们公司 20 个顶尖人才挖走，那么我告诉你，微软会变成一个无足轻重的公司。”在企业的发展过程中，不得不面对其他企业“高薪挖角”。如何维系自己培养出的人才，避免人才流失，是每个企业都应该非常重视的课题。

公司发展至今，杜潜收到过很多份辞职报告。有一年，在中软 AFC 软件平台迁移的关键时刻，软件研发部的一名关键员工提出了辞职。杜潜的第一反应是有点震惊，但他迅速恢复了冷静，先去找这名技术人员了解情况。通过沟通，杜潜得知这名技术人员是因为研发压力过大、不知如何应对工作才提出辞职，他悬着的心便放下了一半。为了留住这名核心人才，杜潜多次找他沟通谈话，通过自己的专业帮助其解决问题，为他展示公司未来的发展规划。经过一次又一次的沟通和开导，杜潜终于让这名技术人员了解并相信，只要迈过这个坎、熬过这段艰难时期，未来将会是提升发展的一马平川。一次人才流失的危机就这么被杜潜用真诚和设身处地的着想化解了。

像这样的例子在中软 AFC 还有很多。有的员工因为事业发展走到瓶颈提出辞职，杜潜便与他一起分析自身能力特点和企业未来发展方向，让员工重新找到新的定位。有的员工因为接到别的企业“高薪招纳”的橄榄枝，想要另谋高就，杜潜便设身处地地为员工分析跳槽利弊，由其自己做出选择，让“向前看”打败“向钱看”。即使员工最终因为个人的原因选择了离开，杜潜也依旧展示出“大将风度”，结合自己多年的从业经验，为他们提供专业的职业规划建议，并真诚地送上祝福。离职的员工也大多与中软 AFC 保持了良好的联系，经常互通有无。

文化铸魂，凝精聚魄

寒来暑往、冬去春来。中软 AFC 前行的道路上，汇聚了越来越多的优秀人才。如何让在发展中沉淀下来的优秀品质，在中软 AFC 员工中传承和发展下去；让中软 AFC 的每一位成员都知道自己走向何方，并愿意为此付出努力；让中软 AFC 的团队成为优秀的、有创造力的、渴望接受挑战的、凝聚力强的团队，成为杜潜常常思考的问题。

中软 AFC 发展初期，在杜潜的带领下，中软 AFC 人用敏锐的市场嗅觉、真诚友好的合作、软硬并进的研发、踏实有力的开通，在全体员工中凝聚了真诚、务实、担当的品质。随着企业的进一步发展，杜潜在经营中更加注重掌握核心技术、开拓创新逐步走向全国市场、提高站位谋划未来前景、不断改革实现自我升华，并把自己经营和管理理念通过每一个投标项目、每一次拓展市场、具体的实施运营以及软件系统硬件研发的进程传达给员工，在一起出差的路上、在召开的各层各级会议中、在与员工谈心对话时，潜移默化地影响着员工。随着企业的跨越式发展，员工们越来越认同杜潜的理念，不畏艰难、不走捷径、坚韧不拔、创新实干等品质慢慢在中软 AFC 沉淀下来。

为了进一步提升员工的积极性、主动性和创造性，强化员工的忧患意识、服务意识和竞争意识，提高员工的执行力，增强企业的竞争力，在广泛听取各方面意见的基础上，中软 AFC 梳理、提炼出“诚信、合作、专业、创新”的核心价值观。中软 AFC 全体员工用智慧和勇气去探索，与时俱进，改革创新，不断超越自我，打造中软核心竞争能力，在企业发展道路上，不断创造新的辉煌。

“人而无信，不知其可也。”中软 AFC 一直遵循诚信的态度，诚实做人、诚信做事，以产品质量、服务和信誉赢得信任。在每个项目的实施中，中软 AFC 都恪守诚信之道，并将此发扬光大。北京地铁 15 号线项目初期存在着工期紧张、设备研发开始晚、生产厂生产能力饱和等困难，但是项目部全体成员都没有打退堂鼓，他们本着对客户诚信负责的态度，通过共同努力，完成设备生产、工厂调试。困难接踵而至，现场土建延期、安装调试环境差、站内空气污染严重、工作时间长、无周末休息等不利情况一一出现，又被项目部成员逐一克服。全体员工为了实现 15 号线一期一段试运营的目标坚持不懈工作，他们以诚信、认真、负责的工作态度，赢得了业主的称赞。

中软 AFC 倡导合作精神，员工们加入自己信任和钦佩的同事团队中，专注于完成一项共同的任务，靠着团队的力量充分满足客户需求，超出客户期望创造卓越的成就，并以此赢得业内的尊敬。精诚团结、坦诚沟通、真诚合作、目标统一是中软AFC发展的根本。印度金奈项目是中软AFC的第一个海外项目，全体工作人员通力合作，仅用了一个月的时间，就完成了两台TVM、4通道AGM等设备的全体机械组装、电气组装和测试工作。中软AFC上下一心，向业主展现了团结合作的企业精神，赢得了业主的称赞。

专业实现生存、专业造就成长，追求专业是中软AFC发展壮大中的鲜明特质。中软AFC一直把不断提高专注能力、提高专业水平落到实处，把“将专注进行到底”作为培养员工、发展企业的一大着力点。中软AFC的研发部门集中体现了专业精神在公司发展中发挥的作用——正是他们的专业和专注，成为项目顺利完成的强大保障。2012年，马延龙等10人组成了软件开发部后台开发团队，顶着项目众多的压力，本着追求专业的精神，不断提升专业素养，将专业知识更加实际、更加贴合地运用到各个项目之中，出色地完成了天津地铁项目的开发并顺利开通运营，完成了北京和天津既有开通线路的维护工作，主导哈尔滨、印度金奈等城市导则规范制定工作，为中软AFC各条线路提供了专业的后台技术支持，为各项目的实施工作提供了最有力的配合（fig.4-2）。

“创新”，在中软AFC的日常工作中不断深化。正是由于从上到下对于创新精神的贯彻，使得中软AFC始终走在国内同行业前列。门单元产品从设计研发到实现国产化、自主化，是中软AFC以“创新”为引领的集中体现。在以往的轨道交通行业

fig.4-2　出色完成天津项目

AFC 专业领域，剪式门单元完全依赖进口产品。为了打破这一现状，门单元产品团队在李棋瑞的带领下，设计了技术路线与产品体系，创新了以直流无刷型伺服电机驱动与精密控制技术，在硬件结构、软件设计、逻辑算法等方面，都体现出国际领先的技术实力，为中软 AFC 在该领域的长久发展提供了可靠的技术沉淀。

在企业的整体发展中，中软 AFC 用企业文化引导员工树立正确的目标，通过潜移默化，让员工自然地融入群体中，鼓励员工的创新，号召员工诚信、合作、专业，上下一心团结奋进，形成共同的价值观和信念。“润物细无声”，多年来，企业文化像春风一样滋润着中软 AFC，其精髓渗透到了企业的日常管理中，融入每位员工的血液中。文化统领了员工的理想信念、价值观念和行为准则，也为中软 AFC 赢了持久、顽强的竞争力，实现了企业的健康、和谐、长久发展。

第 5 章
“互联网 +”：创新步伐紧跟时代发展

移动互联网的主要服务对象将会是人群，而非个人。你去感觉现在社会流行的一种潮流，或者人群流行的一种潮流，像潮水一样往某一个方向走。这种暗涌，就是最前沿、最具革命性的东西。

——张小龙

随着国内基础设施建设的大力发展，城市轨道交通体系在近几年呈现了井喷式的发展，北上广深等一线城市的地铁、轻轨、城铁线路总长度均超过了 500km。2020 年，将有超过 20 个城市建成较完整的城市轨道交通体系。

在移动互联网时代，通过手机可以实现人与人之间的连接、人与设备之间的连接、设备与设备之间的连接，甚至可以实现人与服务之间的连接。随着移动支付等新型技术的发展，“互联网 +”与轨道交通票务系统深入融合，城市轨道交通票务系统已经悄然发生变化，更加便捷的“互联网 +AFC”发展模式应运而生。

创新支付技术

为了更好地服务乘客，中软 AFC 曾设想，能否让中软 AFC 的服务从 B 端[4]走向 C 端[5]，让所有乘客应用最新的技术、体验最好的服务。中软

4. B，即 Business，B 端通常为企业或商家为工作或商业目的而使用的系统型软件、工具或平台。
5. C，即 Consumer，意为消费者、个人用户或终端用户，C 端通常指客户端。

AFC 也曾希望，能够借助发展互联网业务来转变自身在整个行业内的角色和身份，用互联网的方式与业主建立起合作运营的模式，参与整个地铁的运营，从面向 B 端逐渐转变为面向 C 端，直接向用户提供服务。

而随着移动支付、大数据、云计算技术的快速发展，原来的各种大胆设想都变成了现实，中软 AFC 也进入了第四个重要发展阶段。在多年 AFC 行业的磨练和对创新的坚持下，中软 AFC 提出了稳步推进 AFC 项目实施，大力发展“互联网 +”背景下的手机支付、云设备推广等应用和 AFC 国产核心部件市场化、产业化的发展战略。

抓住时机，调整策略

2013 年 10 月 16 日至 17 日，第十届城市轨道交通自动售检票（AFC）系统技术应用研讨会十周年会议在重庆召开，来自国内外 AFC 领域的业主、设计院、系统集成商、设备供应商等专家代表就会议主题“我国轨道交通 AFC 系统市场回顾与展望”展开深入交流与探讨。在会上，参会代表聚焦了中国人民银行发布的《中国金融集成电路（IC）卡规范》（PBOC 2.0 标准）文件，而多款符合中国人民银行 PBOC2.0 标准的读卡器已经广泛应用于交通领域。

亨利·福特曾说：“如果你想永远做个雇员，那么下班的汽笛吹响时，你就可以暂时忘掉手中的工作；如果你想继续前进，去开创一番事业，那么汽笛仅仅是你开始思考的信号。”之前，中软 AFC 主要把精力放在机具类标准方面，认为移动支

fig.5-1 2013 年 10 月 16 日至 17 日，第十届城市轨道交通自动售检票（AFC）系统技术应用研讨会十周年会议在重庆召开，会上杜潜就移动支付的问题进行提问

付只与手机厂商和银行控制系统有关，与 AFC 行业关系不大，对 PBOC 2.0 标准等金融性标准没有特别关注。重庆会议上关于移动支付的声音吸引了杜潜，他开始认识到，移动支付将对传统支付方式产生巨大冲击（fig.5-1）。

移动支付是指使用普通手机或智能手机完成支付或确认支付，而不是用现金、支票或银行卡支付。买方可以使用移动电话购买一系列的服务、数字产品或实体商品。单位或个人通过移动设备、互联网或者近距离传感直接或间接向银行金融机构发送支付指令产生货币支付与资金转移行为，从而实现移动支付功能。移动支付将终端设备、互联网、应用提供商及金融机构相融合，为用户提供货币支付等金融业务。

随着移动支付市场的兴起，地铁成为各大公司竞争和角逐的重要场景。传统地铁 AFC 领域的建设需求、成本、利润已基本稳定，市场竞争更加激烈，同质化竞争的特点越显突出。虽然中软 AFC 在国内 AFC 领域的市场占有率已经名列前茅，但也面临着一个严酷现实——在传统 AFC 领域，各集成商的差异化正在缩小，作用和地位也在变弱。移动支付的出现，给中软 AFC 带来了更多的经营空间。杜潜把这看作一次新的发展机会，他将地铁 AFC 相关的移动支付确定为中软 AFC 下一阶段工作的重点。

出于整体战略的考虑，杜潜将中软 AFC 的目标和策略调整为：通过发展互联网业务来带动整个传统 AFC 业务的发展。伴随互联网浪潮的冲击，移动支付应用已经在全国范围内形成了不可阻挡的发展趋势，不管是南方的开放城市，还是北方的边远城市，都在积极探寻利用互联网技术提高运营服务水平的途径和方法，也为行业内的集成商带来了巨大挑战和机会。

由于中软 AFC 早早发现了 AFC 行业在互联网领域的发展苗头，抓准时机，及早下手，开始了在“互联网 +”业务拓展上的全面尝试，在这场漫长的竞赛中领先了一个身位，成为行业内名副其实的领跑者。

迈出第一步

从重庆回来后，杜潜想起自己之前去日本和韩国时，有过乘地铁直接刷手机过闸的经历。其他国家和企业手机支付方面的先进经验让杜潜萌生了学习的想法。为了学习国外最先进的业务和技术模式，拓展国内市场，中软 AFC 选择与韩国 SK 合作，从韩国 SK 引入 TSM 技术。

当时，韩国 SK 为美国 Google Wallet 提供产品获得成功，中国也引入了这一先进技术。韩国 SK 在中国成立了分公司，希望能够与北京的三大运营商一起合作，搭建业务平台开发 TSM 卡。SK 之前与中国联通合作手机钱包，使用的是 NFC-SWP 方式，需要把手机卡更换为支持 NFC 的 SIM 卡。NFC-SWP 的受理环境比较复杂，主要受两方面的牵制：各城市的卡商各有不同，制卡规则不统一；手机厂商技术实现方法及商业推广不统一，其适配性及开放性不一致。最终，整套 TSM 平台，SK 只完成了 SP-TSM 平台，SE 部分仍掌握在三大运营商手里。

中软 AFC 成为中国轨道交通 AFC 领域第一个进入互联网业务的企业。“前无古人”，因而中软 AFC 面临两个挑战：如何让大家接受这项业务，增强接受度；地铁出行是闭环业务，创新业务要求手机厂商和支付渠道都要进行与之相应的定制化调整，中软 AFC 如何在中间进行业务方面的衔接。虽然因国内企业都没有进行过尝试，没有现成的经验可供借鉴，但中软 AFC 先走一步，就可以为自己赢得更多的发展空间。

第一个吃螃蟹：NFC 业务

鉴于手机支付业务在国内地铁领域尚未被大规模成熟商用的现实，中软 AFC 本着谨慎安全、逐步实现的原则，决定从零开始组建团队。2013 年，中软 AFC 成立手机支付项目小组，从各个部门抽调 4 名员工，负责技术、商务、市场以及整体项目实施，马延龙担任手机支付项目小组的负责人并提供技术方面的支持。小组成员立刻在马延龙带领下，开始了艰苦卓绝的奋战。

在进行项目实施的同时，中软 AFC 手机支付项目小组对全国轨道交通市场进行了调研，尝试与部分地铁公司合作开展手机支付业务，迈出“互联网 +AFC”的第一步。

手机支付“战长沙”

虽然中软 AFC 的根基在北京，但当时北京传统 AFC 业务的标准化程度很高，限制了参与地铁 AFC 业务企业的灵活性。于是近年来，中软 AFC 把增值扩展业务的重心都放在了长沙、贵阳、成都、武汉、南宁等华南城市。

传统地铁业务是一个封闭式的网络，不允许有互联网出口。中软 AFC 的互联网业务实际上是撬动传统地铁业务、让传统地铁的封闭式网络开放互联网出口的一个支点。“互联网 +AFC”是一个全新的尝试，各地地铁集团对这项业务接受度非常低，大家都存有疑问。作为行业领军的北上广深都没有过成功尝试的先例，大多数人认为风险较大，不敢去挑这个头。

经过多方面的考虑，杜潜决定将长沙作为中软 AFC 手机支付业务的试点合作城市。选择长沙作为试点，是杜潜进行了周密的战略考虑之后的决定。中软 AFC 在长沙当地的业务开展情况较好，长沙是省会城市，规模适中，对范围的影响度可控。当时中软 AFC 在长沙刚刚中标几个项目，与合作方关系融洽，有在项目实施过程中发展新业务的便利。中软 AFC 技术团队与长沙地铁方面进行了上百次的沟通，从基层的管理者到集团中层、再到高层领导逐层进行说服，向其阐述这项业务可能给用户带来的便捷性，以及业务本身对地铁后续运营的帮助，终于获得了合作机会。

2013 年年底，中软 AFC 开始规划“刷手机、乘地铁”项目。因为刷手机过闸这个链条比较长，需要受理端（地铁场景）、手机 SIM 卡端（制卡商）的支持和钱包端、手机端的支持，因此，整个谈判过程非常辛苦。说服地铁运营方后，链条中的每一个环节都要经过谈判以及技术对接。

手机支付项目小组开始了漫长的谈判工作。通过与中国移动、联通、中国电信的战略谈判，联合中电集团内发卡制卡单位华大电子，与小米、华为、三星等手机厂商进行多轮的沟通谈判，他们一一说服对方，陆续签订协议。

2014 年 5 月，长沙地铁、中国电子、中软 AFC 签订战略合作协议，中软 AFC 基于“互联网 + 电子支付 + 轨道交通”的先进理念自主搭建 SP-TSM 平台，并为地铁搭建支付平台，作为 NFC 手机支付上线的前期准备。

中软 AFC 与韩国 SK 的合作标志着 TSM 平台开始向交通领域延伸。后来由于韩国 SK 公司总部管理模式的变动，韩国本部不能再为中软 AFC 提供更好的支持，同时，韩国 SK 公司的中国团队也面临着去留问题。在整个团队均有可能被解散的关键时刻，中软 AFC 找准时机，与该团队的核心骨干进行洽谈，从市场到技术等各方面都进行了充分的沟通。在中软 AFC 诚意的感召下，他们决定来中软 AFC 继续进行 NFC 支付业务的研发，提供更多的技术上支持，并对新技术和业务进行拓展。

从与韩国 SK 公司的合作、接盘、拿到技术框架和技术体系后重新搭建平台，到与手机厂商、运营商、地铁运营方等合作伙伴的对接，再到与市场谈判、与各大运营商的对接、与发卡商的磨合，以及与地铁运营方的沟通，整个过程非常艰辛，谈判过程的多变，很多时候让马延龙他们心力交瘁。

第一版系统研发出来后，只能满足一个城市的应用，拓展性各方面还有欠缺，中软 AFC 及时进行调整。最累的时候，手机支付项目小组基本上是 7×24 h 连轴转。项目在长沙做了一年多，小组的工作人员也在了长沙“钉”了一年。

经过一年多的业务拓展，中软 AFC 具备了 TSM 自主研发能力，孵化了第一代互联网业务的平台——即基于手机 NFC 业务的平台。不久，手机支付业务在长沙上线了。

征集志愿者

2015 年 5 月 17 日，中软 AFC 联合长沙地铁及中国移动、中国电信、中国联通，推出“刷手机乘坐地铁”技术，长沙市民只要将 NFC-SIM 卡更换到具备 NFC 功能的手机里，就能实现刷手机乘坐地铁。

中软 AFC 与长沙轨道集团密切配合，推出了“手机刷卡乘车志愿者征集活动”。在技术测试、研发阶段，需要征集 1000 名志愿者参与测试，为了号召市民参与，中软 AFC 与长沙地铁召开了新闻发布会，在发布会上，杜潜详细介绍了此次中软 AFC 与长沙地铁联合推出的刷手机乘地铁服务，明确了该服务兼容移动、电信、联通三大运营商和所有银行，是一个更具有包容性的平台。

在新闻发布会上，记者提出一系列问题：“用手机刷卡乘地铁安全吗？”“手机内的信息会不会泄露？”杜潜作了耐心解释，他表示，手机支付系统是严格按照国际标准开发的，符合国际金融级标准，市民可以放心使用。此外，杜潜还在新闻发布会上公布了时间节点，该项目志愿者的征集预计需要两周到一个月，计划在两个月内完成测试。测试完成后，将在长沙地铁全面推出手机刷卡乘车服务。届时，无论市民使用的是哪家运营商的 SIM 卡，都可以在长沙地铁车站的服务窗口完成换卡、充值等服务。未来，还会逐步在运营商的营业厅内推出地铁手机支付业务的办理、充值服务。市民可以通过手机内的“闪客蜂”APP，查询票卡交易记录等信息，后续还可以使用此功能进行更多的支付场景应用。

随后，中软 AFC 和长沙地铁在长沙地铁 2 号线五一广场站、芙蓉广场站、杜花路站等地设立了 6 个服务站点，有兴趣的长沙市民可以到专属手机 SIM 卡服务站台应征咨询、报名，工作人员根据手机和 SIM 卡的情况提供针对性的服务。报名成功后，成为此次活动的志愿者，即可获得 100 元充值礼金用以乘坐地铁。

在整个志愿者征集活动中，马延龙对一个热衷于 NFC 业务的老同志印象非常深刻。当时，马延龙是服务站点现场负责业务支持和保障的工作人员，一个理工专业出身、对 NFC 业务非常感兴趣的老同志经常来现场与马延龙聊天，他说自己一直看好互联网业务在国内的发展，没想到长沙会是第一个拓展这项业务的城市。这位老同志每天都会到现场询问业务的进展和开通情况，并在预热活动结束之后，成为最早开通办理这项业务的用户之一。老同志这一热衷于 NFC 业务的举动，当时给了马延龙莫大的鼓励。

“刷手机、乘地铁”

历经3个月的体验测试后，中软AFC的手机支付平台基本能够支持适配市面上具有NFC功能的智能手机。中软AFC与移动通信运营商、地铁业主开展了良好合作，以乘客至上为原则，在更方便乘客的地点设置“地铁手机支付服务站”，使乘客可以通过最便捷的方式更换SIM卡，让手机乘车卡能够像地铁储值卡一样充值乘车。

2015年10月，中软与长沙地铁携三大运营商举办“刷手机、乘地铁”业务上线发布会，长沙成为全国首家NFC-SWP方案的上线城市，并成为首个“零押金、零预存”的城市，也是当时适配NFC手机机型最多的城市。

2015年10月18日，长沙地铁2号线迎来“刷手机、乘地铁”服务上线仪式。从那天起，长沙市民可以通过在闸机刷手机NFC的形式乘坐地铁，还可以用微信、支付宝、银联等多渠道实现在线充值，长沙市民开始享受到智慧城市带来高品质生活的 系列举措（fig.5-2 fig.5-4）。

长沙“刷手机、乘地铁”项目对于中软AFC来说，最大的收获是技术上从无到有的搭建。手机支付项目小组通过自己的辛苦和努力，使得项目上线初期效果不错，交易量不断上升。

手机支付发展势不可挡，引入手机支付，使得长沙市轨道交通未雨绸缪地占领市场先机。同时，创新便捷的出行方式快速吸引了大量乘客使用，节省了发卡介质的成本，减少了票务系统清点核算的大量人工成本，以及AFC设备维修维护成本，为地铁运营提高了收益，为发展地铁商圈商业收益创造了条件。

fig.5-2 长沙地铁 2 号线“刷手机、乘地铁”服务上线剪彩仪式

fig.5-3 长沙市民可以在闸机刷手机 NFC 的形式乘坐地铁

fig.5-4 “刷手机、乘地铁”服务上线后，杜潜接受媒体采访

地铁手机支付应用成为智慧交通到智慧城市的主要载体，发展跨领域、跨地域的手机支付实名制应用，有效建立地铁反恐体系，保证公共安全体系。

通过长沙地铁 NFC-SWP 方案的良好示范作用，越来越多的地铁业主同中软 AFC 接洽、商谈，希望能够引入中软 AFC 手机支付方案。

2015 年，中软 AFC 与长沙轨道集团合作搭建了基于 NFC[6] 业务的交易系统，前端与地铁连接，后端与三大移动运营商对接，打通了整个支付环节，成为中国首例实现与三大移动运营商对接的系统（fig.5-5）。

6.NFC（Near Field Communication），即近场通信，是一种新兴的技术，使用了 NFC 技术的设备（例如移动电话）可以在彼此靠近的情况下进行数据交换，是由非接触式射频识别（RFID）及互连互通技术整合演变而来的，通过在单一芯片上集成感应式读卡器、感应式卡片和点对点通信的功能，利用移动终端实现移动支付、电子票务、门禁、移动身份识别、防伪等应用。

中软 AFC 并未停下开拓的脚步。2017 年，中软 AFC 与青岛地铁集团合作尝试了另一种 NFC 过闸模式，即 NFC-HCE。作为以软件模拟为核心的支付方案，HCE 模式具有易于推广、方便升级的优点，不需要依赖手机厂商和运营商，不需要更换 SIM 卡等繁琐过程，并提高了 NFC 技术的兼容性和拓展性。

目前，中软 AFC 还在努力与 Apple Pay、华为 Pay、小米 Pay、三星 Pay 等各大手机厂商对接，以最终实现 NFC 手机支付的 eSE 全终端设计方案。

fig.5-5 “刷手机、乘地铁”服务上线

首发启用二维码业务

2015年，长沙项目完成后，中软AFC又选择了广州、贵阳进行尝试性推广，但效果均不太理想。当地各个地铁公司对中软AFC之前的身份认识根深蒂固，并没有把它当作新领域的合作伙伴看待。为此中软AFC成立了增值事业部，花了大量的时间去进行磨合和沟通，终于让他们认可了它的新身份。

虽然中软AFC是国内第一家做地铁NFC支付业务的企业，但是并不代表在未来还是唯一一家。紧跟时代潮流、不断创新是让企业立于不败之地的唯一手段。在NFC业务之后，中软AFC又开始了新的尝试。

二维码支付业务兴起

NFC的产业链非常长，中软AFC很快发现了这个问题。而微信和支付宝已经开始推广对用户来讲门槛较低的二维码业务，该业务只要有可以上网的智能手机即可使用。市场形势发生变化，中软AFC于是开始拓展二维码支付业务。

二维码支付是一种基于账户体系搭起来的新一代支付方案。在该支付方案下，商家可把账号、商品价格等交易信息汇编成一个二维码，印刷在报纸、杂志、广告、图书等载体上。用户通过手机客户端扫描二维码，便可实现与商家账户的支付结算。而商家根据支付交易信息中用户提交的资料，进行商品配送，完成交易。

二维码支付业务逐渐开始兴起之后，阿里和腾讯等互联网巨头逐渐将触角伸向交通领域。这时，地铁运营方也开始意识到新的支付方式的便捷。由于地铁支付系统比较封闭，支付业务又是关系民生的业务，不会全市场化地向微信、支付宝开放。在这种情况下，地铁运营方更信任交由中软 AFC 这样多年深扎地铁 AFC 领域的团队去拓展二维码业务，阿里和腾讯也更倾向于寻找像中软 AFC 一样在 AFC 领域有资深经验的合作伙伴。

腾讯和阿里的介入，对于中软 AFC 来说是机遇也是挑战。中软 AFC 更倾向于做运营平台，依靠自己的力量开发。2015 年年底，中软 AFC 开始了技术上和业务上的重新调整。

云购票亮相广州

互联网票务平台介于票务清分系统与互联网之间，承载互联网票务相关业务、在票务清分核心生产区与互联网之间形成信息交换平台，实现互联网售票、互联网检票、结算与对账、信息安全管控等功能。

2015 年底，中软 AFC 用一个多月时间推出了自己的互联网产品闪客蜂的又一项“互联网 +”服务——基于二维码支付的新型云购票机，这在当时是全国第一家。新型的云购票机在短期内上线，对技术的挑战非常大。当时，中软 AFC 手机支付项目小组已经升级为增值事业部，技术团队是核心命脉，马延龙带领团队成员，从方案设计、技术架构设计、业务流程上着手，与时间赛跑，搭建起了基于二维码的新业务体系（fig.5-6）。

2015 年 12 月 21 日，云购票机首次亮相广州地铁，此举措

fig.5-6 杜潜（左一）陪同前来考察的广州市政务考察团

是国内地铁行业的一项重大创新，广州也成为全国第一批推出云购票机的城市，广州市民正式迈入“地铁云购票”时代。云购票机支持 APP 线上购票线下取票、现场采用二维码支付手段购票、IC 卡查询功能。与传统 TVM 相比，互联网购票机不含任何现金模块，减少地铁 AFC 系统中的现金流量，减轻运营压力。为了更加吸引眼球，中软 AFC 将设备颜色设计为橙黄色，比传统的 AFC 设备更加鲜艳和美观，像一抹耀眼的阳光（fig.5-7）。

与广州地铁的云购票机同样耀眼的是后续中软 AFC 互联网业务的全面拓展。云购票服务上线形势喜人，随后中软 AFC 与广州地铁签订了战略合作协议，全面拓展基于互联网支付的业务。中软 AFC 在广州地铁各个车站铺设了 300 多台云购票设备。（fig.5-8）

基于广州的示范性效应，自 2016 年起，中软 AFC 云购票业务先后在佛山、南宁、长沙、青岛、西安等地区上线，并得到了用户的高度认可。

截止到 2016 年 12 月底，仅用一年时间，中软 AFC 的云购票机就在广州地铁实现全线网铺设完毕投入使用。2017 年 1 月

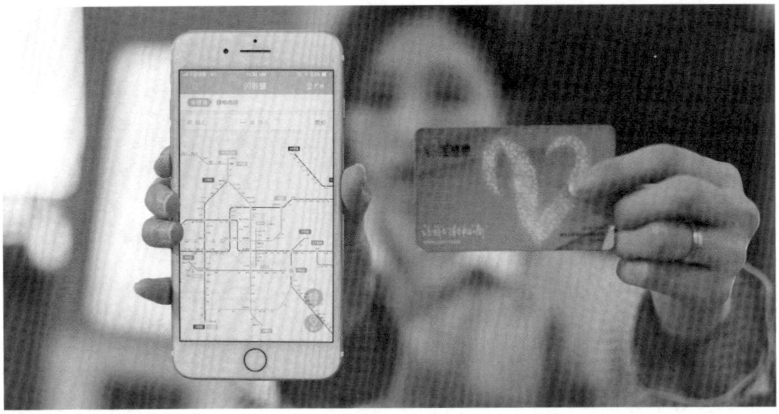

fig.5-7 闪客蜂实现手机购票

fig.5-8 云购票机亮相广州地铁

23 日，中软 AFC 与广州地铁等联合在广州塔地铁站举行了“轻生活 · 智出行”云支付全线网启用仪式，广州成为全国首个支持地铁全线网“云支付”购票的城市（fig.5-9，fig.5-10）。

联合广州地铁推出全线网启用“云购票”服务，是中软 AFC 结合移动互联技术打造“智慧地铁出行”的又一经典案例，也是在自动售检票行业的一次成功探索，对于互联网移动支付应用到地铁行业具有重要的示范意义。此举不仅提高了地铁服务水平和出行效率，还极大地减少了地铁运营成本。

fig.5-9 2016 年 12 月底，中软 AFC 云购票机在广州地铁实现全线网铺设完毕投入使用

fig.5-10 广州地铁云支付全线网启用

深耕城市智慧交通

2016 年，中国的移动支付达到了 5.5 万亿美元，约为美国的 50 倍。移动支付的普及速度快到了能够引起系统性危机感的程度。2017 年 8 月 1 日，支付宝宣布启动全国首个“无现金城市周”活动，1000 万线下商家参与。阿里巴巴计划在 5 年内推动中国进入无现金社会，腾讯也不甘落后，微信钱包业务与支付宝业务进行着你争我夺的追赶。

2017 年，轨道交通行业也开始偏向“互联网 +”，传统 AFC 五层架构逐渐转向“互联网 + 交通”。随着互联网潮流的推动，微信、支付宝二维码支付在中国得到进一步普及。这时，在中软 AFC 内部出现了一个新想法：让乘客直接扫二维码过闸。这一想法，对于当时的技术水平来说，有三大挑战：二维码与传统地铁票卡有很大区别，扫二维码过闸对传统业务冲击较大，面临着地铁运营方的接受度问题；安全风险大，一旦设计不好，会出现很多业务漏洞，给地铁运营方造成损失；受理环境要进行调整改造，包括地铁设备 POS 端和受理端等，如果每一轮业务创新都要作调整改造，费用将相当昂贵。

这些挑战没有难倒中软 AFC 增值事业部的技术人员。广州地铁全路网大约有二三百座车站，为了能够应对各方面的挑战，实现二维码过闸及后续互联网业务，中软 AFC 进一步进行了硬件方面的自主研发，设计制造了一款行业内独有的云闸机。这种闸机可拆卸、便携，短时间内就能够在广州地铁站内进行铺放，整个设备的生产施工都同步进行。

仅用了 3 个月时间，中软 AFC 的地铁乘车码业务就在广州正式上线运行。腾讯公司也参与了这一项目。但在此之前，腾讯的乘车码业务仅限于公交领域，体量较小。在地铁这样大的场景内探索二维码乘车业务，是腾讯的第一次尝试。与腾讯这样的国内互联网巨头合作，是中软 AFC 的一个发展机遇。工作量比以前更大了，增值事业部全体成员都扑在项目上。但合作的过程，也是学习的过程，是经验积累的过程。

2017 年 11 月 16 日，腾讯公司与广州地铁集团联合宣布：中国首家地铁乘车码业务在广州正式上线试运营。云闸机支持

fig.5-11 广州地铁云闸机

NFC和二维码过闸，不需要票卡回收模块，整机外观比传统闸机窄，方便维修和维护。与传统AFC检票机不同，云闸机减少了乘客在售票机上购票进闸的环节，乘客直接使用手机NFC或二维码进出站，节省了排队购票的时间（fig.5-11）。

中软AFC与广州地铁集团、腾讯公司共同举办了“智生活，悦出行”广州地铁乘车码首发启用活动。从此，乘客乘坐广州地铁（APM线之外的所有线路）时，均可以通过动态二维码享受移动支付便捷体验。首次使用时，用户可通过微信小程序搜索“腾讯乘车码”开通体验，此后腾讯乘车码会自动进入微信卡包，再次使用时在“我—卡包—会员卡”可以找到带有“广州地铁乘车码”字样的专用卡片并点击使用。用户将二维码靠近地铁站的闪客峰云闸机（橙色闸机），扫码成功后即可入闸乘车（fig.5-12，fig.5-13）。

而“小马哥”马化腾的亲赴广州地铁扫码过闸，为基于信用支付的二维码过闸业务上线站台，引起了行业内的轰动。上线当天没有为此做大规模宣传，腾讯只在官微上发了一条“马化腾广州地铁上线试运营开通剪彩”的消息，广州地铁乘车码业务量瞬间激增。

本着精益求精的原则，中软AFC又进行了后续升级完善工作。广州地铁则在中软AFC设备和系统的基础上，基于二维码过闸

fig.5-12 杜潜（右一）代表中国软件与技术服务股份有限公司参加与广州地铁集团和腾讯公司共同举办的“智生活，悦出行”广州地铁乘车码首发启用活动

fig.5-13 基于二维码过闸业务

业务，从自身特点出发，又升级和搭建了一套具有广州地铁特色的平台。中软 AFC 也在之后把广州的成功模式复制推广到了更多城市。

经过上一个阶段，中软 AFC 对自身移动支付发展节奏的问题进行了反思。微信红包出来后不久，二维码就推出，不同于产业链长、研发困难的 NFC 技术，二维码支付技术更快、更便捷。不管是 NFC 支付、二维码支付还是未来的人脸识别支付，技术并不是关键，关键在于基于移动互联网的应用。中软 AFC 不能将技术绑死在 NFC 和二维码上，支付技术只是一种渠道，随着科技的不断发展，终究会有更新的技术被创造出来。

中软 AFC 认为，做移动支付应用的最终目的，应是能够实现长期、持续的运营服务。支付宝、微信能发展到现在，正是因为它们实现了持续运营。

建立一个平台的想法产生了。思维引导行动，中软 AFC 迈向下一步。

闪客蜂 - 蜂格：大数据下的精准服务

互联网最大的特征就是变化，只有具备战略性的大视野，对微小变革保持敏感，才能更好地应对未来的变化，让企业走得更远。在技术挑战、社会制度、商业模式剧烈变化的端倪初现时，中软 AFC 能否把握机会从表面看来饱和的市场中找出一条可行的商业化路径。

基于地铁千万级客流的大数据整理和分析，中软 AFC 开始尝试通过品牌矩阵效应，扩展多种出行以及生活方式，连接智能交通与生活消费。

搭建大数据平台

为了实现广州地铁新的官方 APP 与中软 AFC 的设备对接，中软 AFC 不停地对接各银行、各支付机构。当时广州地铁没有后台业务，只能靠中软 AFC 的后台业务支撑。前端的 APP 只是应用的入口、呈现，后面需要一个非常强大的业务控制平台，处理云服务、云计算、分布式扩展等一系列的业务问题，还要进行包括业务商业化、拓展新的业务领域等在内的整个业务维护，广州业务上来之后，中软 AFC 的业务数据量差不多达到了 PB 级，数据、业务的复杂性激增，中软 AFC 由此想到搭建大数据平台。

维克托·迈尔-舍恩伯格及肯尼斯·库克耶编写的《大数据时代》认为，大数据指不用随机分析法（抽样调查）这样的捷径，而采用所有数据进行分析处理。大数据研究机构高德纳咨询公司（Gartner）认为，大数据需要新处理模式，才能具有更强的决策力、洞察发现力和流程优化能力来适应海量、高增长率和多样化的信息资产。麦肯锡全球研究所也认为，大数据是一种规模大到在获取、存储、管理、分析方面大大超出了传统数据库软件工具能力范围的数据集合，具有海量的数据规模、快速的数据流转、多样的数据类型和价值密度低四大特征。大数据技术的战略意义不在于掌握庞大的数据信息，而在于对这些含有意义的数据进行专业化处理。换而言之，如果把大数据比作一种产业，那么这种产业实现盈利的关键，在于提高对数据的加工能力，通过加工实现数据的“增值”。

云计算是以互联网为基础服务的增加、使用和交付的新模式，通常索取对象为虚拟化资源。云计算拥有强大的计算能力，甚至可以模拟核爆炸、预测气候变化和市场发展的趋势。美国国家标准与技术研究院将云计算定义为：“一种按使用量付费的模式，这种模式提供可用的、便捷的、按需的网络访问，进入可配置的计算资源共享池，资源包括网络、服务器、存储、应用软件、服务等等，这些资源能够被快速提供，只需投入少量的管理工作，或与服务供应商进行很少的交互。”在信息时代和数据时代，云计算代表了信息处理技术的一个新领域，也为未来信息技术的发展提供了方向。

从技术上看，大数据与云计算的关系就像一枚硬币的正反面一样密不可分。大数据必然无法用单台的计算机进行处理，必须采用分布式架构。它的特色在于对海量数据进行分布式数据挖掘，可以依托云计算的分布式处理、分布式数据库和云存储、虚拟化技术。由此，随着云时代的来临，大数据也吸引了越来越多的关注。

受到这方面的启发，中软 AFC 着手搭建大数据平台，从零开始组建大数据团队，进行轨道交通大数据的行为分析、策略分析。在半年时间内，中软的大数据平台已在为运行、C 端（如闪客蜂的小程序）提供整合数据输出服务。

大数据的价值更多不在于数据本身，而是根据数据转变而来的服务成品的价值。乘客天天搭乘地铁，虽然便捷，但是早晚高峰还是让人痛苦，因此杜潜大胆设想，利用大数据的能力，为乘客提供更符合其出行和出行需求的精准消费服务。

2017 年，中国软件投资成立盘缠科技股份有限公司（以下简称盘缠）。盘缠以“云闸机 + 云平台”为基础，以基于轨道交通的移动支付运营业务为核心，重点围绕“互联网 + 公共交通”领域开展投资、建设、运营和服务。如此一来，中软 AFC 可通过构建业务联动的 AFC 产业生态圈，促进 AFC 产业的可持续发展，提升中软 AFC 在轨道交通行业市场的拓展能力，有利于中软 AFC 轨道交通等城市信息化及相关服务业务的发展，增强公司核心竞争力和持续发展能力。盘缠成为中软 AFC 事业中，面向互联网业务的重要组成部分。

“盘缠”，在古代汉语中指代出行方面的花销，有出行正在进行之意。出行需要在所到当地喝水、吃饭、查阅资料，这些都是短暂的、唾手可得的服务。“盘缠”二字代表公司将提供基于出行大数据的精准服务。

比如，从大数据方面来说，中软 AFC 不是仅仅统计客流，而是大规模地搜寻客流。地铁乘客可分为日常旅客和其他旅客两种。日常旅客客流主要分为四类: 商务流，出行频率较高; 通勤流，集中于上下班高峰；学生流，集中于学校周边车站；工作人员，集中于各个车站。其他旅客客流也可分为三类：务工流，属于季节性客流; 旅客流，主要集中于景点附近、短期内出行频率较高; 探亲流，属于节假日等季节性往返客流。就地铁来说，每个车站也有其不同属性，聚集的客流也各不相同，能够提供的服务是不同的。中软 AFC 可通过精准的数据提供乘客与商业化的对接指导。

而基于大数据的商业化服务，是通过找到贴合每个人的服务来进行商业化的转化，就像广告一样，一开始的广告是强制性的广告，后来发展到搜索型的广告，现在又发展到了推送型的广告，接下来还会发展成为基于人工智能的伴随式的广告。

地铁文化融入民生

2018 年 6 月 26 日，中软 AFC 联合广州地铁集团、海珠区图书馆共同打造的，以轨道交通连接艺术美学与大众生活的“悠悠生活馆”在广州地铁 4 号线与 8 号线换乘站万胜围正式开馆。它是基于地铁千万级客流的大数据整理和分析，整合城市核心商圈延伸商户，而开设的全新轻生活模式，其中包含海珠区图书馆分馆和闪客蜂体系下的蜂格咖啡馆。

闪客蜂的业务主要面向购买地铁票的用户，蜂格咖啡和蜂麦商城是为了进行C端用户运营而延伸出的业务。闪客蜂以手机为载体，采用NFC-SWP技术，目前应用于长沙、广州、南宁、郑州、西安等区域内公共交通领域，今后将扩展到其他行业及其他小额支付交易领域的电子支付结算服务平台。

“闪客”是其对生活在现代化都市中的青年人的理解，他们生活节奏快，追求简单便捷的生活方式。“蜂”是从手机的英文“phone”的发音而来。闪客蜂所采用的NFC-SWP技术属于短距高频的无线电技术，在13.56MHz频率运行于20厘米距离内，支付只需0.3秒，是扫码支付时间的1/10，其速度快如“闪电”。

NFC手机支付、云平台、地铁购票网络化，已全方位应用基于手机的移动互联网支付，真正实现了地铁AFC全路网的“互联网+”。闪客蜂通过开放、合作、创新的商业模式和跨领域的市场化运行，建立更全面的手机支付客票系统，致力于提升市民生活品质、为城市提速（fig.5-14，fig.5-15）。

闪客蜂主要的用户群体是使用闪客蜂购买地铁票的人群，通过使用闪客蜂线上购票，将用户引入目的地站点附近的蜂格咖啡或蜂麦商城。这样不仅可以服务于用户的出行场景，还可服务于生活场景。由于资源的有限性，不可能在每个城市都投入大量的人力物力，不同于2017—2018年间在每个城市大量铺设店铺的策略，2019年，蜂麦商城做了策略上的调整，提出要集中在一个城市形成规模效应，并在广州和南宁等城市进行业务试点。

fig.5-14 西安地铁互联网购票机上线

fig.5-15 南宁地铁云购票机上线

2014年春节期间，腾讯的张小龙团队创新发明了微信红包。在农历除夕到正月初八的9天时间里，800多万中国人共领取了4000万个红包。微信红包成为一个极具中国创意的互联网产品。中软AFC把这个创意融会到了闪客蜂之中。闪客蜂的红包雨活动与万胜围蜂格咖啡馆同一天上线，为庆祝开馆，给现场的用户发放福利，用来进行乘车抵扣。用户在闪客蜂使用红包雨得到的盘缠币可以抵扣买票，到达目的地站点还可以享受蜂格咖啡、蜂麦商城带来的优惠促销。

中软AFC通过闪客蜂对用户的出行信息进行分析，精准地将蜂格咖啡引入用户的生活服务，使地铁出行与生活方式完美结合。通过品牌矩阵效应连接智能交通与生活消费，把便民惠民与新经济增长相结合，让轨道交通更好地服务市民生活，让地铁文化更好地融入民生。

人工智能设备

2016 年 3 月，谷歌的智能机器人 AlphaGo 毫无悬念地击败了围棋世界冠军李世石，成为科技世界里的“黑天鹅”。

2016 年 9 月，李彦宏在一次演讲中认定“互联网的下一幕，就是人工智能”。李彦宏宣称，百度在三年前就启动了百度大脑计划，现在它已经具备了大概三岁孩子的智力水平。

2016 年底，中国的机器人公司已经超过 2600 家。科大讯飞在智能人工语音和超级大脑领域，取得了引人瞩目的成就。

在地铁 AFC 行业，针对地铁场景的人工智能研发也逐渐提上日程。

2017 年 10 月，YoYo 人工智能服务机器人在广州地铁琶洲站上岗，提供智能咨询及引导服务。

2018 年 4 月，上海南站部分售票机可通过人机语音对话完成购票——乘客只要说出目的地，售票机就会自动推荐站点，语音确认后即可完成购票。

人工智能语音机器人与 TVM 和 BOM 的结合，使乘客有更亲切的使用感受，也可将地铁的客服人员从繁杂的票务工作中解放出来，更好地从事乘客服务和运营安全管理。

采用“互联网 +”的模式，将移动通信、物联网技术、互联网计算技术、人工智能技术与传统系统相结合，将是适合未来发展趋势的 iAFC 的选择。

聚焦针对地铁场景的人工智能

2018 年，全球最畅销的非虚构图书、以色列人尤瓦尔·赫拉利的著作《未来简史》中宣称，几千年来，人类面临的三大重要的生存课题——饥荒、瘟疫和战争，在未来都将不再是最重要的挑战，甚至在不远的时间里，克服死亡也仅仅是技术的问题，人类面临的新议题是人工智能革命。李开复也在 2018 年出版了他的新书《人工智能》，他的预测是："人工智能将在未来十年取代一半人的工作。"在中国，许多有前瞻性的企业家，都把目光投向了人工智能。

人工智能（Artificial Intelligence）最早在 1956 年美国的达特茅斯会议上提出，是指"能够和人一样进行感知、认知、决策、执行的人工程序或系统"。人工智能是计算机科学的一个分支，它企图了解智能的实质，并生产出一种新的能以与人类智能相似的方式作出反应的智能机器，该领域的研究包括机器人、语言识别、图像识别、自然语言处理和专家系统等。从诞生以来，人工智能理论和技术日益成熟，应用领域也不断扩大。

物联网、大数据、云计算、移动互联网技术的迅猛发展，也为智慧交通行业的人工智能设备发展提供了强大的技术支撑。在人工智能的构想上，中软 AFC 致力于研发人脸识别在轨道交通这种特殊产品中的应用。由于地铁行业特有的技术要求，人脸识别不再只是一般意义上的人脸识别。

拓展语音购票与人脸识别业务

随着面向用户的服务日益智能化，人工智能交互在地铁场景中的应用必然越来越自然、舒适。针对地铁场景的人脸识别，可以识别出用户身份、快速调取用户信息资料，并通过对资料的分析，为用户提供有针对性的服务。

用语音的方式来交互，是未来可提供的一项最基本的服务。目前地铁站为了应对乘客换乘路线等的问询，仍需配备一定数量的服务人员。将来有了人工智能设备之后，这类问题可以更加简单化地解决。在中软 AFC 的设想中，未来中软 AFC 所要提供的是语音识别和人脸识别在地铁场景的应用。人脸识别业务所要实现的是乘客无感知过闸体验，系统通过人脸识别与用户的账户绑定，直接扣费。

2018 年 10 月，中软 AFC 的上海团队开始研发人脸识别模块，在传统闸机上安装人脸识别组件。要做到无感过闸，不单单是扣费，还有 1 对 N 的人脸识别。N 的数字变大了后，会出现很多问题，需要进行很多分布式处理，要有边缘计算的能力。但人脸识别技术有其明显优势，首先可以解决过去需要装许多传感器才能处理的识别身高、判断是否免票等问题；其次还有助于完善通行逻辑，控制尾随。以前的识别系统要识别出一个人还是两个人是非常困难的，如果一个人抱着另一个人一起过闸，很有可能识别不出来。而人脸识别就像手机的拍照功能可以识别出多个笑脸一样，只要同时看到两个或两个以上面容，就可以判断出不是正常现象，还可进一步通过 3D 结构光技术，识别出谁前谁后。

中软 AFC 研制的语音购票机和人脸识别闸机，正是基于人工智能最根本的核心——替代重复劳动力而生的。通过在购票机或闸机上加装传感器、摄像头、麦克风等硬件，配以后端的大数据及人工智能学习算法，产生传统产业与新兴技术的融合，让设备模仿人类的视觉和听觉，采集信息感知外部世界，识别并输出有效信息。

下一步，中软 AFC 的发展将聚焦于人工智能在整个地铁领域的应用。2018 年，中软 AFC 的语音购票机已在几个城市试用。2019 年初，中软 AFC 的语音购票机在南昌、武汉、天津陆续落地。除了支持二维码支付购票、取票的功能外，还实现了全程语音购票、人脸数据采集、人脸支付、自动规划出行路线、站厅信息查询等功能（fig.5-16）。

目前，人工智能业务和大数据业务，是中软的两项重点业务，但是这两项业务目前尚处于第一阶段，仅仅是搭建起业务模式。中软 AFC 的人工智能业务今后的应用核心并不是无感过闸，而是后续面临的基于数据的处理、分析、深入挖掘，将人工智能和大数据结合，探索新的发展路径。

fig.5-16 在 2019 年 AFC 专委会海口会议和西安会议上，秦树睿就 AFC 互联网发展及人脸识别进行交流演示

国产化探索向纵深发展

国际局势的风云变化，不仅给积极探索全球化的中国企业敲响了警钟，也让中国科技行业进一步看清了目前在核心技术方面与其他国家的差距，“国产化”三个字比以前任何时候都显得更为重要。

中国轨道交通基础设施领域也面临着国产化自主创新的艰难挑战，但同时，中软 AFC 认为，这也是自身从传统集成商向行业云服务商转型升级的一个重要契机。

国产化自主创新

随着互联网技术及人工智能技术的发展，轨道交通业务在传统的票卡介质外，新增了银联云闪付、手机 NFC、电子二维码；在现金支付方式外，新增了微信、支付宝、银联等二维码支付，以及基于机器视觉的刷脸支付等各种支付形式，使得人们出行时甚至不再习惯携带现金。

传统 AFC 系统存在购票效率低、客流高峰期排队购票时间长、车票单次使用成本高等问题，自然面临着技术革新，以适应因新票卡介质、新兴支付方式的引入带来的转变。

中软 AFC 在 AFC 系统中融合了新的支付形式及互联网功能，将读卡器模块进一步升级到安卓系统，能够更好地与蓝牙模块、WiFi 模块、4G 模块融合，通过扩展板外接二维码读头及

fig.5-17 杜潜（左一）与闪客蜂设备

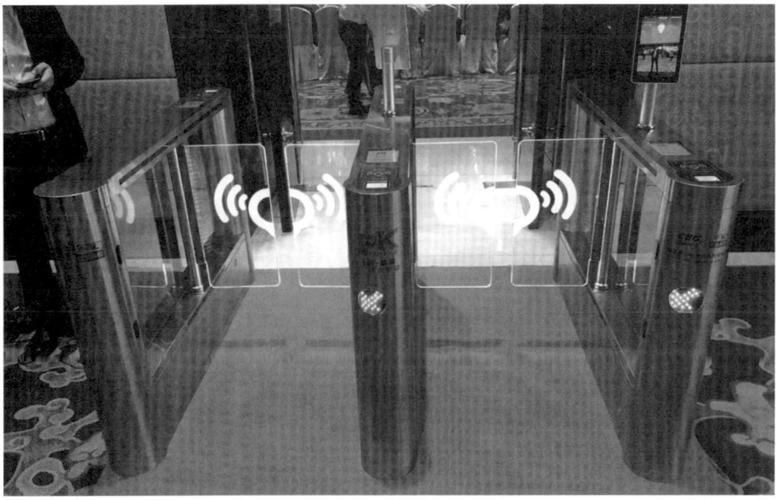

fig.5-18 闪客蜂闸机

后续的直连，为二维码相关业务打下了坚实的基础（fig.5-17，fig.5-18）。

为适应“互联网 +”的模式，打造适合未来发展趋势的AFC，中软 AFC 积极调整数据结构、接口，努力融合语音识别模块、百度地图、指纹识别、人脸识别，设计开发新设备和软件。

如今 AFC 应用领域已扩展至快速公交系统等其他公共交通、公共场馆、景区、智能楼宇等领域，外延应用市场不断得到扩展。

2018 年年初，中软 AFC 成立“AFC 云支付技术研发中心”（简称 ACPT），中心设总工程师和首席架构师，配合管委会负责公司研发类事务的运营与协作。

随着地铁云支付应用的正式上线应用，国内各轨道交通集团及相关领域均在规划各城市的云平台建设方案，“上云”成为轨道交通和其他各行各业的大势所趋。

顺应趋势的同时要谋求企业未来的发展，中软 AFC 未来的发展方向是以“云平台 + 业务系统”为基础，结合“移动化 + 人工智能”的技术手段，实现集 IaaS[7] 与 PaaS[8] 服务于一身的智能综合业务平台。

目前各城市地铁公司均已开始规划“地铁云”。各地铁公司的云方案基本是各云平台厂家提出的“大集中”方案，而厂家也均为基础云平台的提供商，提供的是通用的解决方案，尚需找第三方厂家，就地铁业务进行开发。

与之相似的，目前主流的人工智能厂家（商汤、旷世、百度、科大讯飞等）只提供通用的技术输出，不涉及垂直产业。如果想要实现人工智能技术在轨道交通行业的应用，需要有行业经验的企业，结合业务特性再进行二次开发。

7.IaaS（Infrastructure as a Service）意为基础设施即服务。指把 IT 基础设施作为一种服务通过网络对外提供，并根据用户对资源的实际使用量或占用量进行计费的一种服务模式。

8.PaaS（Platform as a Service）意为平台即服务。把服务器平台作为一种服务提供的商业模式，通过网络进行程序提供的服务被称为 SaaS（Software as a Service），而云计算时代相应的服务器平台或者开发环境作为服务进行提供就成为 PaaS（Platform as a Service）。

于是，在杜潜的带领下，在其他管理层的大力支持下，中软 AFC 内部众志成城、共同努力，顺应目前国产化自主创新的趋势，以及中软 AFC 长期的战略发展规划，推出行业云平台产品——PKπ。

PKπ 是基于国家信息化系统国产化的战略性要求，根据中软 AFC 自身丰富的行业经验，结合云计算、深度学习、物联网、大数据、人工智能服务等智能化手段，推出的集 IaaS、PaaS、业务服务系统于一体化的数字化、网络化、智能化云服务产品。

PKπ 中的“PK”即飞腾 CPU、麒麟操作系统。“π”可以从两方面解释：PaaS 服务，代表着中软 AFC 通过行业的 PaaS 服务从传统搬箱子的集成项目到持续的云服务的转变；圆周率 π=3.141592653……代表着持续不断的服务。无论哪种解释，均代表这是在云平台硬件资源的基础上，打造传统云平台厂家提供的云平台方案中所不具备的、行业化的智能云服务。

在云平台建设方面，可支持混合云的建设模式，将核心业务、核心数据等关键、敏感信息存储在地铁本地，充分保护地铁业务及数据的安全，消除业主对数据安全的顾虑，将公众服务、机器学习等服务部署在公有云平台，可以实现动态业务扩展，降低地铁对云平台的建设投入。未来在扩展新业务的时候，可以租赁云资源，业务在地铁小范围内试点应用，在试点通过后再决定建设模式，使地铁摆脱以往建成即落后的困局，实现“轻资产，保先进”。

未来地铁 AFC 行业的业务架构，将从传统的五层架构转变为“云—网—端”的架构，通过一个地铁云平台，多种网络传输方式（物联网、5G 等），多种业务终端互相配合，实现智慧车站业务。

另外，由于人脸识别技术、指静脉识别、掌静脉识别技术、语音识别技术等在轨道交通的应用，导致终端设备中具备多个运算单元，其业务相互交叉，管理极度混乱。整合设备内的计算资源迫在眉睫。

2016 年，中软 AFC 在广州推出的云闸机，就是对工控机、读卡器、乘客显示器的集成试点。2019 年 10 月，杜潸提出将现有设备中的计算资源再度整合，规划设一款基于 PK 体系的，集传统工控机、人脸识别、语音识别、读卡器、通行逻辑（GCU）、维修模块多功能于一身的工控产品——PK MOHO，模块集成有线网络、WIFI、5G、物联网、蓝牙、NFC 等多种通信方式。产品于 2019 年 12 月底于天津地铁 5 号线试点应用，经测试可以满足现场实际业务需求（fig.5-19）。

与此同时，基于 PK 体系的 AFC 国产化天津试点工程开始落地实施。两个多月的时间里，中国软件团队与天津地铁团队紧密配合，明确阶段目标结点、细化任务分工，突破样机定制、系统适配、环境搭建、软件改版等各个环节的重重技术难题，在极短的周期内，圆满完成了国产自主 CPU 芯片、国产化操作系统及国产化数据库在工控机、服务器、工作站上的兼容适配创新应用，并且通过了在天津地铁实验室及天津地铁 5 号线北辰道站上以新线开通标准进行的测试检验，国产化设备及系统满足实际的上线运营要求，创造了行业内第一个全面国产化设备上线运营的案例，取得了社会广泛的关注。2019 年 12 月，该项目入围 AFC 专委会年度兼容系统创新应用大赛 AFC 专项赛决赛，并荣获 2019 年度“年度创新奖”金奖（fig.5-20）。

fig.5-19 基于飞腾平台的地铁售检票系统应用发布成功

数字运维系统

杜潽将中软 AFC 未来的战略方向定位为“面向行业的云服务”，其中数字运维系统成为云服务的重要组成部分。

fig.5-20 《安全可靠、自主可控设备及软件在天津地铁 5 号线车站应用》荣获中国信息产业商会 2019 年度兼容系统创新应用大赛 AFC 专项赛金奖

数字运维是在传统运维管理的基础之上，依靠互联网平台、基于云技术，实现对设备运维过程的数字化、智能化管理。地铁 AFC 行业的数字运维系统主要分为地铁行业知识库、集中监视系统和移动办公系统三大部分。

2014 年 3 日 26 日，中软 AFC 运营维护部开始布局数字运维领域，与业内先进企业展开合作。中软 AFC 运营维护部利用自己在 AFC 领域丰富的实施、运维经验及市场覆盖范围优势，借助自身在业内先进的研发和平台优势，从 2014 年 4 月开始，设计和搭建中软数字运维系统，各方进行深入沟通、明确需求，提出对平台的修改建议。2015 年 10 月，中软 AFC 运营维护部基本完成北京地铁 15 号线、4 号线，武汉地铁 4 号线、2 号线运维系统的搭建，基本可实现 AFC 设备的故障报修、故障维修及故障统计功能。

在此期间中软 AFC 运营维护部先后与北京市地铁运营有限公司通号分公司、深圳地铁集团、武汉地铁集团的相关人员进行技术交流，通过交流，中软 AFC 运营维护部的工作人员对数字运维有了全新的认识，认为这项技术不但可以帮助他们解决现阶段的一些难题，而且在未来也很有发展空间。

数字运维是一个综合性平台，平台管理的数据涉及 AFC 行业的方方面面，包括设备故障率、故障类型等信息。收集到数据后，把记录的问题反馈到研发部门，出了哪些故障，运维部门是怎么处理的，作为研发部门的工作参考依据。

数字运维系统可以在事前对设备数据进行采集，并实现设备状态分析预警；在事中得到运维流程支持，运维知识库的支持，数据的支持；在事后进行事件报表，统计分析，事件预警模式，运维知识积累。

在未来，中软 AFC 对数字运维系统具有长远的规划。如果做数字运维可以实现预期目标的话，可以把收集上来的基础数据，通过技术手段及时反馈给研发部门、项目经理，提交给领导，直观反映问题。数字运维可以变成一个功能十分健全的系统。接下来，数字运维还可以衍生发展出研发专家系统等。这样一来，如果设备出了问题，信息采集流畅的话，可以把搜集到的信息汇集到专家系统。一旦出了故障，可以由专家系统发布维修指令，起到指导作用。

瞭望未来

巴菲特说：“今天的投资者不是从昨天的增长中获利的。”几乎所有的产业迭代都不是“旧土重建”而是“新地迁移”。在过去几年间，中国人的信息获取、社交、购物、日常服务以及金融支付方式等都发生了令人难以置信的翻天覆地的变化，传统 AFC 的格局也在随之变化。旧有的世界正在不断更新，新世界正在迅速地露出萌芽。企业的未来，必然是不断的突破与创新。

科技一小步、世界一大步。下一步，中软 AFC 还将以“满足项目重要节点”为中心，以“业务开拓、技术创新”为动力，不忘初心，砥砺前行。中软 AFC 一如既往地勤奋，继续推动发展轨道交通核心模块的全面自主知识产权化进程，实现产品体系的多样化及全产品生命周期技术与服务工作。我们相信，在未来的发展中，中软 AFC 将以其敏锐的嗅觉和坚持不懈的创新精神，在中国 AFC 行业更加繁荣、宽广的天地中，持续发力，为中国 AFC 行业的发展，贡献自己的力量。

后记
突破、创新与探索新的发展之路

从2005年之前，证券软件研发领域风雨飘摇中的一艘小船，到如今成长为国内AFC领域领航发展的巨擘，15年的差距如此之大。一路走来，中软AFC人筚路蓝缕，披荆斩棘，坚持突破、创新，不断探索新的发展道路。

在不同的发展阶段，中软AFC展现了不同的经营策略与发展模式，这些模式体现出同一时期中国AFC领域的发展状况。作为中软AFC的创始人，杜潜将中软AFC的发展归纳为以下四个阶段。

第一，入门生存阶段。在这一阶段，中软AFC积极与日本信号合作，引进消化国外先进技术，探索和拓宽了与外国企业合作的道路，在实际项目实施上得到锻炼，加快了对国外AFC技术的转化和吸收。

第二，扩大市场阶段。在这一阶段，中软AFC改守为攻，走出北京，走向京津冀、走向东北、走向华南、华东、西北，不断开疆拓土，在全国的版图上，插上了一面又一面小红旗。在走出去的过程中，从失败中学习、在竞争中壮大，不断扩大市场占有率，逐步成为AFC行业的领头羊。

第三，纵向产业链部署阶段。在企业发展过程中，中软AFC深知自己作为央企的政治使命，凭借与外国AFC厂商的合作经验以及在金融、公交等领域的技术积累，开展自主研发工作，快速崛起，打破了外国厂商的垄断，逐步从AFC市场的配角变成主角，不断提高国产化产品质量，成功研发了国产的门单元，逐步掌握核心技术。

第四，“互联网 +”发展阶段。在这一阶段，中软 AFC 不断学习新技术、拓展新领域，实现了“互联网 +”与 AFC 的融合，突破了云购票、二维码过闸等技术，衍生出云平台、云闸机和云售票机等各式新型设备，在大数据、人工智能、语音识别等方面也不断投入科技力量，实现自身可持续发展。

通过这四个阶段的发展，中软 AFC 不断占领国内市场，成为国内最具竞争力的集成商，此外，还加快步伐进军高铁市场、尝试拓展商业性大数据服务业务、聚焦地铁场景中的人工智能，并且秉承政治责任，进军海外市场，为“一带一路”倡议添砖加瓦。

在发展过程中，中软 AFC 努力让自己变得更为强大，管理体系、人才队伍、企业文化逐步完善。中软 AFC 不断赶超竞争对手，以创新为手段和目标，强化自己的实力，让自己不断发展壮大。

作为 AFC 专委会的成员单位，中软 AFC 是一个有责任感的企业；作为 AFC 专委会的理事长，杜潜也是一位有责任感的企业家。这种责任感，体现在中软 AFC 未来发展模式的探索上，体现在杜潜对整个 AFC 行业健康有序发展的思考上。

随着互联网技术的快速发展，目前国内已开通轨道交通的 38 座城市均实现了互联网支付功能，各地铁公司或选择自建互联网票务平台与官方 APP，或选择利用主流互联网支付方式，实现地铁出行的便利，提供更加优质的品牌化服务。当前，人工智能、物联网等前沿技术迅速发展，5G 通信技术突破，智能时代已悄然来到。技术的迭代更新，让出行体验和运营服务更加智慧化。

以互联网支付技术应用和轨道交通应用上云提速为契机，杜潜大胆规划中软 AFC 未来的蓝图，围绕技术持续创新，不断探索商业模式在轨道交通场景中的应用，为中软 AFC 在 B 端和 C 端的各自独立发展打下坚实基础。为应对传统架构不断优化、新型架构逐渐应用、支付方式多样化、互联互通进一步深化等轨道交通 AFC 行业未来发展趋势的要求，杜潜将“以云平台 + 业务系统为基础，结合移动化 + 人工智能的技术手段实现智能综合业务”作为中软 AFC 未来的发展方向，不断适应新的发展趋势，完成新的转型，让中软 AFC 在科技变革中创新，在创新中发展，在发展中壮大。

作为服务于各行各业人群的公共服务，轨道交通行业的运营情况与国民经济发展的冷暖密切相关。刚刚过去的 2019 年贯穿了中美贸易摩擦的各个阶段，在这一大背景下，2019 年，全国各界对自有核心技术的关注和支持程度空前提高。智慧城轨要满足交通强国的需求，自主创新是必由之路，必须建立在自主可控的技术之上。作为轨道交通与乘客直接联系的专业，我国的轨道交通 AFC 行业更要从芯片、操作系统、云、数据库、人工智能等方面，加快推进“安全自主可控”的建设。为了中国轨道交通 AFC 行业能有更好的发展，杜潜呼吁，轨道交通 AFC 行业要有大局观，要站在产业和国家发展的角度来看待问题，要站在更高的角度，形成体系、制定规则，实现健康有序发展。要攻破核心技术，在自主的技术上和产业的划分上动脑筋、争取主动、深入钻研，在产业链上进行细化分工，把整个 AFC 行业做大、做强。

对中软 AFC 发展历程进行深入剖析，会发现她的发展也正是中国 AFC 行业的发展，她像一面镜子，折射出中国企业在 AFC 行业的突破、创新与探索之路。

天行健，君子以自强不息。我们相信，有着不断突破自我、不断创新进步精神的中软 AFC 人，将会以梦为马，在“互联网 +”的大时代里，在 AFC 行业走得更远，走得更好，再创辉煌。让我们拭目以待。

附录一

中软 AFC 大事年表

2001 年，北京中软万维网络技术有限公司创立。

2005 年，成立中软 AFC 事业部，正式进入轨道交通 AFC 行业。

4 月，与日本信号公司合作，共同参与了北京、广州、深圳等地的 AFC 系统的方案设计，在技术、设备研发等多领域开展了广泛的合作。利用双方优势，共同开拓中国及世界的 AFC 系统市场。

10 月，成立城市轨道交通 AFC 实验室，投入专项资金专门从事 AFC 系统及设备的研发。

2006 年，12 月，中软 AFC 事业部中标“北京市轨道交通首都机场线工程 AFC 系统采购项目”。

2007 年，8 月，中软 AFC 事业部中标北京地铁 13 号线“北京市城市铁路工程自动售检票系统升级改造项目系统设备采购及安装项目”。

2008 年，6 月 19 日，北京地铁 13 号线 AFC 系统正式开通运营。

7 月 19 日，首都国际机场线正式开通运营。

2009 年，多次参与 AFC 行业内各种标准的制定，包括《城市轨道交通自动售检票系统检测技术规程》《北京市轨道交通 AFC 系统设计及实施导则》《城市轨道交通自动售检票系统工程质量验收规范》。

年初，扩建昌平基地 AFC 生产厂房，成为目前国内最大的 AFC 研发生产基地。

5 月，中标“天津地铁 3 号线自动售检票系统设备采购项目”。

6 月，第十三届中国国际软件博览会上，中软 AFC 自动售检票系统软件 V1.0 获得金奖。中标“北京地铁 9 号线工程自动售检票系统（AFC）设备采购项目”。

7 月，中标“北京市轨道交通房山线工程自动售检票系统（AFC）

设备采购项目”。中标“北京地铁15号线工程AFC系统采购项目”。

2010年，9月，中软AFC华东产业基地落户宁波市，标志着中软AFC的AFC产业走向外向型发展。

10月19日，中软AFC（自动售检票系统）国产化基地在宁波市大学科技园成功揭牌。

12月30日，北京市轨道交通房山线工程和北京地铁15号线工程同时开通。

年底，开始启动产品化设计。

2011年，成立研发中心，走产品化之路。建立了自己的海外销售和售前团队。业务领域从国内走向国际，从中国走向世界。

1月，中标“长春轻轨三期自动售检票系统工程项目”。中标“武汉市轨道交通二号线一期、四号线工程AFC系统自动检票机及辅助设备采购项目”。中标“哈尔滨市轨道交通1号线一、二期工程线路自动售检票系统工程项目”。

6月，中标“天津地铁1、2、3号线AFC系统维护服务项目”。

8月，中标“北京地铁14号线工程自动售检票系统（AFC）设备采购项目”。

12月，签订“印度金奈地铁AFC工程”项目。北京地铁9号线南段正式开通。

2012年，中标“北京市轨道交通昌平线二段工程自动售检票系统（AFC）设备采购项目”。

8月，中标“新建向莆铁路客服系统集成工程施工总价承包”项目。

10月，天津3号线正式开通运营。

12月，签订“湘桂铁路衡阳至永州段扩能改造工程”南宁段项目。签订“台捷运环状线第一阶段自动收费系统—自动收费闸门”项目。

12月28日，武汉地铁2号线一期正式开通运营。

12月30日，北京地铁9号线北段正式开通运营。

2013年，3月，召开公司经营管理例会，会议决定公司侧重于项目管理和产品线管理。

5月5日，北京地铁14号线正式开通运营。

取得ISO9000质量体系证书，建立与实施质量管理体系，质量管理制度不断健全。在“轨道交通自动售检票系统终端设备核心部件系列化产品研发”中，荣获北京市科学技术奖三等奖。

成立手机支付项目小组，尝试与部分地铁公司合作开展手机支付业务，迈出“互联网 +AFC”的第一步。

年底，中软 AFC 开始规划“刷手机、乘地铁”项目。

2014 年，续签天津地铁 3 号线维保合同。开始考虑往互联网方向转型，为实现“互联网 +AFC”着手准备。

3 月，中标“北京地铁 16 号线工程 AFC 系统安装工程”。

4 月，运营维护部开始搭建中软数字运维系统。

5 月 6 日，中标“新建南宁至黎塘铁路南宁东站站房改造项目”。

8 月 20 日，中标北京地铁自动售检票系统改造项目。

9 月 1 日，中标“天津地铁 1 号线、2 号线维护项目”。

9 月 12 日，中标“南宁市轨 1 号线”项目。

9 月 26 日，中标“长沙市轨道交通 1 号线一期工程自动售检票系统设备采购及系统集成项目”。

11 月 13 日，中标“广州地铁 4 号线南段和 8 号线北延段项目”，标志着中软 AFC 在华南地区开启了新的里程。

11 月 20 日，中标“长沙磁浮”项目。

2015 年，1 月 30 日，中标“天津地铁 5 号线工程自动售检票系统设备采购及服务”项目。

3 月 12 日，中标“石家庄市城市轨道交通 3 号线一期工程 AFC 系统供货及安装项目（3611 标段）”。

5 月 17 日，联合长沙地铁以及中国移动、中国电信、中国联通，推出“刷手机乘坐地铁”技术，长沙市民实现刷手机乘坐地铁。

6 月 15 日，中标“新建长沙至昆明铁路客运专线安顺西等 5 座站房及相关配套工程”项目。

8 月 16 日，中标“青岛市地铁 2 号线一期工程自动售检票系统设备采购项目”。

10 月 18 日，长沙地铁 2 号线“刷手机、乘地铁”服务正式上线。

年底，推出基于二维码支付的新型云购票机。

12 月 21 日，云购票机首次亮相于广州地铁，广州成为全国第一批推出云购票机的城市，市民正式迈入“地铁云购票”时代。

2016 年，4 月 6 日，中标“石家庄至济南客运专线站房及相关工程”项目。

5 月 13 日，中标“关于巴基斯坦拉合尔轨道交通橙线项目自动售检票 AFC 系统”项目。

7 月 10 日，中标“福州市轨道交通 2 号线”项目。

7 月 15 日，中标“武汉市轨道交通 8 号线”项目。

7 月 27 日，中标“南宁市轨道交通 2 号线一期工程自动售检票系统集成采购”项目。

9 月 28 日，中标“南昌市轨道交通 2 号线一期工程及南延线工程自动售检票系统集成采购”项目。

2017 年，1 月 10 日，中标“常州市轨道交通 1 号线一期工程自动售检票（AFC）系统集成采购”项目。

1 月 23 日，与广州地铁等联合在广州塔地铁站举行了“轻生活智出行”云支付全线网启用仪式，广州成为全国首个支持地铁全线网“云支付”购票的城市。

2 月 27 日，中标“乌鲁木齐地铁 1 号线工程自动售检票系统（AFC）设备采购”项目。

3 月 22 日，中标“深圳国际会展中心配套市政项目弱电系统设备总包采购”项目。

2018 年，开始尝试实行项目实施与运维外包制度，通过市场手段以最小的成本实现项目的按时保质保量交付。

2019 年，中标“北京市轨道交通 17 号线工程自动售检票系统（AFC）设备采购”项目。

1 月 31 日，中标“武汉市轨道交通 5 号线工程自动售检票系统总承包”项目。

6 月 30 日，中标“南宁市轨道交通 2 号线工程自动售检票系统”项目。

7 月 18 日，中标“西安市地铁临潼线（9 号线）一期工程自动售检票系统集成采购”项目。

8 月 16 日，中标“西安市地铁 6 号线一、二期工程自动售检票系统集成采购”项目。

9 月 9 日，中标“长沙轨道交通 1 号线自动售检票系统升级改造”项目。

11 月 14 日，中标“郑州市轨道交通 3 号线一期工程自动售检票（AFC）系统设备及相关服务采购”项目。

附录二

主要人物简介

杜　潜　2001 年创立中软万维并担任总经理。2005 年促成中国软件以中软万维为主体，成立中软 AFC 事业部，全面进入 AFC 市场。现任中国软件高级副总经理，中软万维董事长。

赵　东　2003 年加入中软万维负责项目管理。2008 年任副总经理，主管 AFC 事业部整体工作。2015 年任总经理，全面负责经营管理工作。现任中软万维党支部书记。

秦树睿　2007 年加入中软万维负责销售工作。2012 年任总经理助理。2015 年任副总经理，负责市场工作。2020 年代行总经理职责，全面负责经营管理工作。

王　浩　2003 年加入中软万维担任软件研发部经理。2015 年任副总经理，主管项目中心项目研发、实施、运维等工作。

胡　平　2002 年加入中软万维，历任项目经理、质量管理部经理。2011 年任副总经理，主管 PMO 及质量管理工作。现已退休。

王剑飞　2001 年加入中软万维负责研发工作，后任技术总工。2011 年任副总经理，主管研发中心管理工作。2015 年起主管地铁增值业务。现任公司技术专家。

陈理达　2007 年加入中软万维任项目经理。2012 任副总经理，主管南方市场工作。现已离职。

马延龙　2007 年加入中软万维任开发工程师。2012 年任产品经理。2015 年任技术总监，负责新技术研发工作。现已离职。

李美贵　2006 年加入中软万维任开发工程师，后任产品经理。2018 年任技术部经理，负责技术部日常管理工作。

李棋瑞　2008 年加入中软万维任硬件工程师。2015 年任产品研发部经理，负责产品研发管理工作。

林雪源　2006 年加入中软万维任项目经理。2018 年任项目二部经理，负责项目管理工作。

金之江　2006 年加入中软万维。2011 年任运营维护部经理，负责项目运营维护工作。现已退休。

王晓军　2006 年加入中软万维负责硬件研发。2008 年任设备研发部经理。2011 年任生产制造部经理。现任西安项目经理。

韩建军　2010 年加入中软万维任硬件工程师。2016 年任技术部副经理，负责硬件研发及管理工作。

陶　松　2010 年加入中软万维任电气工程师。2012 年任电气研发部经理，负责硬件产品工作。2014 年任产品总监，全面负责硬件产品线规划及管理工作。现已离职。

附录三

AFC 行业术语和缩略语

术语

自动售检票系统　基于计算机、通信、网络控制等技术，实现城市轨道交通售票、检票、计费、收费、统计、清算等管理全过程自动化的系统。简称 AFC 系统。

票务清分系统　用于发行和管理城市轨道交通车票，对线网内不同线路的票、款进行结算和清算，并具有与城市轨道交通线网内乘用消费的其他付费卡进行清算功能的系统。

中央计算机系　用于监控和管理城市轨道交通单线路或多线路自动售检票系统的计算机系统。

车站计算机系统　用于车站级票务处理、运行管理和客流统计的计算机系统。

车站终端设备　安装在城市轨道交通线路各车站，进行车票发售、进站检票、出站检票、充值、验票分析等交易处理的设备。

自动售票机　用于自主发售、赋值有效车票，具备自动处理支付和找零功能的设备。

半自动售票机　用于人工辅助发售、赋值有效车票，具备补票、退票、查询、更新等票务处理功能的设备。

自动充值机　用于对储值卡进行自助充值，并具有查验交易和余额等信息功能的设备。

自动检票机　对车票进行检验和处理，并放行或阻挡乘客出入付费区的设备。

单程票　在限定时间内一次性使用的车票。

储值卡　具有储值功能，可重复充值使用的车票。

进站　从非付费区到付费区通过的行为。

出站　从付费区到非付费区通过的行为。

付费区　在车站内进站检票机与出站检票机及护栏之间的封闭区域，包括运营的列车车厢内区域。

非付费区　付费区以外的区域。

缩略语

票务清分系统　ACC（AFC Clearing Center System）

线路中央计算机系统　LC（Line Central Computer System）

线路计算机工作站　LCWS（Line Computer Work Station）

多线路中心计算机系统　MLC（Multi-line Central Computer System）

车站计算机系统　SC（Station Computer System）

车站计算机工作站　SCWS（Station Computer Work Station）

票卡处理单元　TPU（Ticket Processing Unit）

自动售票机　TVM（Ticket Vending Machine）

半自动售票机　BOM（Booking Office Machine）

闸机　AGM（Automatic Gate Machine）

政府和社会资本合作　PPP（Public-Private-Partnership）

项目管理办公室、项目管理中心或项目管理部　PMO（Project Management Office）

近场通信　NFC（Near Field Communication）

图书在版编目（CIP）数据

潜心笃志：中软 AFC 发展历程 / 赵东，秦树睿著
. -- 上海：同济大学出版社，2020.10
（中国轨道交通 AFC 行业里的追梦者）
ISBN 978-7-5608-9461-4

Ⅰ．①潜… Ⅱ．①赵… ②秦… Ⅲ．①城市铁路－轨道交通－售票－铁路自动化系统－概况－中国 Ⅳ．①U293.22

中国版本图书馆 CIP 数据核字 (2020) 第 185255 号

潜心笃志：中软 AFC 发展历程

赵东　秦树睿　著

出 品 人　华春荣
策　　划　闻鼎传媒
责任编辑　张　翠　　责任校对　徐春莲　　装帧设计　张　微

出版发行　同济大学出版社 www.tongjipress.com.cn
（地址：上海市四平路 1239 号　邮编：200092　电话：021-65985622）
经　　销　全国新华书店
印　　刷　上海安枫印务有限公司
开　　本　710mm×960mm　1/16
印　　张　14
字　　数　280 000
版　　次　2020 年 10 月第 1 版　2020 年 10 月第 1 次印刷
书　　号　ISBN 978-7-5608-9461-4
定　　价　78.00 元